ヤマケイ文庫

大イワナの滝壺

Shiraishi Katsuhiko

白石勝彦

Y L
Yamakei Library

大イワナの滝壺

目次

カバー挿画・本文挿画＝門坂 流

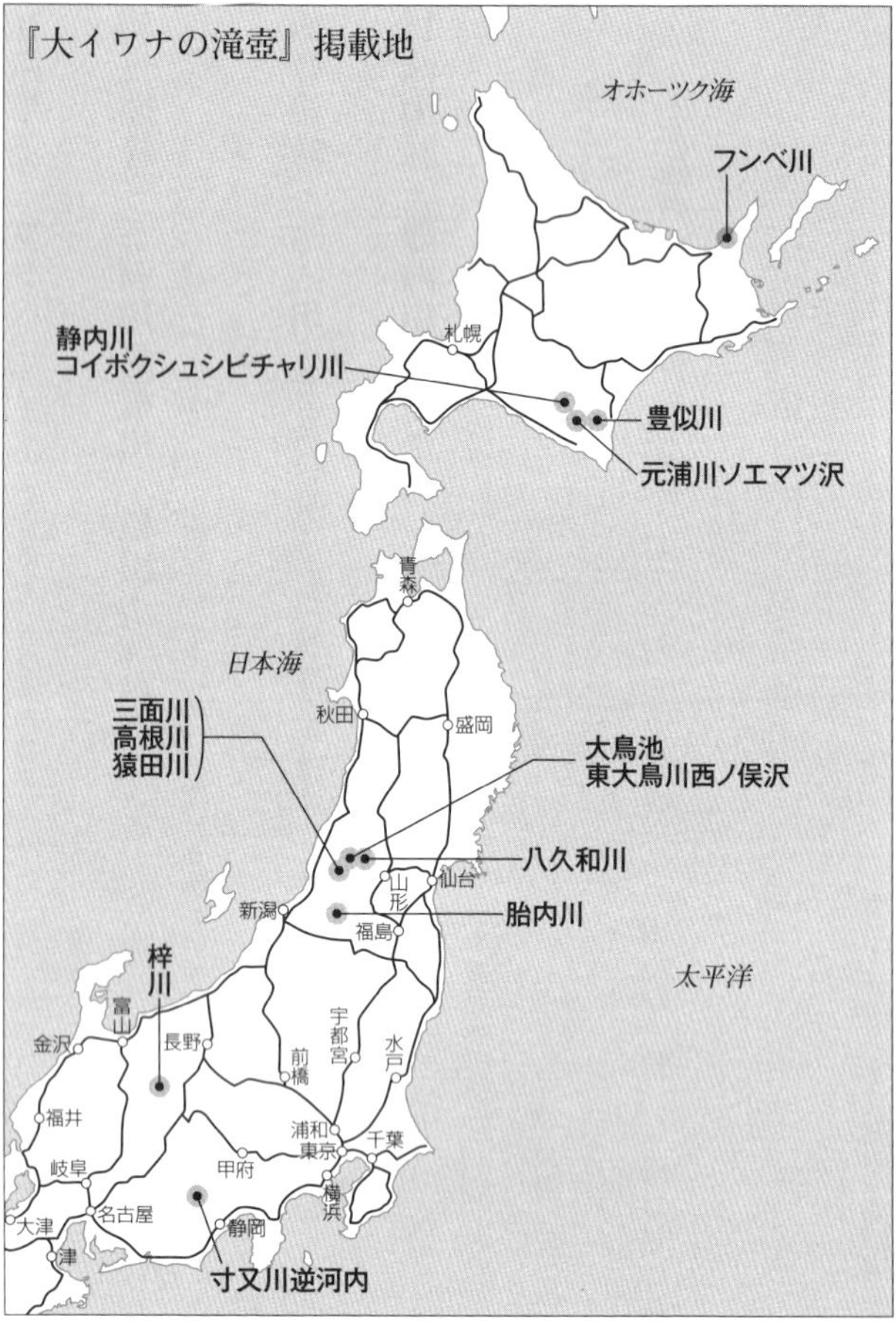
『大イワナの滝壺』掲載地
オホーツク海
フンベ川
札幌
静内川
コイボクシュシビチャリ川
豊似川
元浦川ソエマツ沢
青森
日本海
秋田
盛岡
三面川
高根川
猿田川
大鳥池
東大鳥川西ノ俣沢
八久和川
仙台
山形
新潟
胎内川
福島
太平洋
梓川
富山
長野
宇都宮
水戸
金沢
前橋
福井
浦和
東京
千葉
岐阜
甲府
横浜
名古屋
大津
静岡
津
寸又川逆河内

まえがき

人はそれぞれこの世に生まれた時から自分なりの独自の人生を歩むのだが、その道は極一部の幸運な人を除けば一様ではない。山もあれば谷もある。それと同じように人が歩む人生の時間というものも、滑らかな一定の同質な時の経過ではない。ある時は空虚な、たんなる時の流れでしかないものが、ほんの短い時間、長い人生から見れば極一瞬の間にすぎない時間の中に、その人の全人生が決まるような決定的瞬間が現われることがある。

ツヴァイクはそのような瞬間を「人類の星の時間」と呼んだ。いかなる天才もいつも才気に溢れているわけではない。天才たちの長い人生のほんの一時、一瞬の間にものすごい閃《ひらめ》きが現われ、彼はあたかも神が宿ったかのごとく振る舞う。天才はその瞬間、たんなる個人を越えて星の時間とも呼べる永遠なる時の流れの中に入ったがために天才となりえたのである。

そんな天才たちの星の時間とは比べようもないが、私にとって昭和三七年から四七年にかけての一〇年間は、まさに自分自身の人生の中でも最も重要な時期であった。ちょうどこの時期は日本の渓流釣りが、今までの、いわば里の釣りに終始していた時から、モータリゼーションの波に乗って、もっと奥へ奥へと入って行く渓流釣りのスタイルへと変換して行く時代の始まりの時であった。

昔の渓流釣りは人も少なく、ちょっと遠出すればヤマメ、イワナは簡単に釣れたものだった。それが、次第に人が多くなり、近場では釣れなくなって皆が奥へ奥へと足を伸ばし始めた。その頃私は渓流を始めたわけで、私のような山屋釣り師は、まさに時代が進んで行く方向の最先端にいたことになったのである。つまり、私はちょうどうまい具合に時代の波に乗っていたのである。

私が渓流釣りを始めた頃は源流に来る人など皆無に等しかったので、ちょっと奥へ入れば魚はどこでもよく釣れた。源流で人に会うなどということは考えられないくらい釣り人が少なかったのである。しかし、それでも人里近い渓流では、当時から既に魚は釣れなくなっていた。場荒れの程度から言えば、むしろ今よりもひどかったのではないだろうか。というのも、あの頃は放流などないし、すべて自然の魚に頼るしかなかったからだ。里の渓流は今の人が思うほどは釣れなかったのである。

私が源流を目指したのも、里の渓流が釣れなくなって山の奥へ追われていったからにすぎないのである。ただ、幸いだったのは私が行った頃は、まだまだ源流は原始の姿をとどめていて、大きなイワナが面白いように釣れたことだ。

本書に書いたものは、ちょうどその当時の事柄で、自分がいかにして渓流釣りに傾倒していったかを書きつづったものである。ここに書かれている釣りは内容的に言えば、かなり古く、現在の最先端を行く釣りには合わないかもしれないし、現代の釣り人にはウケないかもしれない。

しかし、私がここに記したものはたんなる事実を書いただけの釣行記《ちょうこうき》ではない。私個人が数々の経験を重ねて、ついに辿り着いた大イワナの滝壺への、内的な記録であり、私が持ち続けた渓流釣りに於けるロマンチシズムへの限りなき遡行なのだ。

白石勝彦

一九八八年卯月

北アルプス・梓川

大プールの
主との対決

昭和三五年七月、黎明の穂高涸沢にて

使い慣れたテントのベンチレーターを開けると、山の冷気がサーッと入って来た。外はまだまっ暗だが、一〇〇以上張られたテントのいくつかは、すでに明かりが点り、たくさんのクライマーたちが出発の準備に余念がなかった。

夜明けの雪渓が締まっているうちに、落石の多い所を登ってしまおうと、気の早い連中は早くも三・四のコルに向かって、登行を開始していた。奥又白《おくまたじろ》の岩壁を登るのだろう。彼等の持つライトが薄暗い雪渓の上に揺れていた。

だが、私と相棒のKは、ザイルやカラビナ、アブミ等の登攀用具をアタックザックに詰め込むと、奥又白や滝谷を目指す連中とは逆に、涸沢《からさわ》の登山道を横尾谷の方へ降りて行った。

我々は当時、日本最大の大岩壁と言われた屏風岩（その後、もっとスケールの大きな壁がいくつも出て来たが）の東壁を登ろうと、朝の四時に涸沢のテント村を出発したのだった。

日本のロッククライミングが、ようやく黎明期を迎えつつあった当時、穂高や谷川岳の大岩壁には、いくつかの重要なルートが切り拓かれつつあった。

天才クライマーと言われた南博人によって初登攀された屏風岩東壁は、高度差六〇

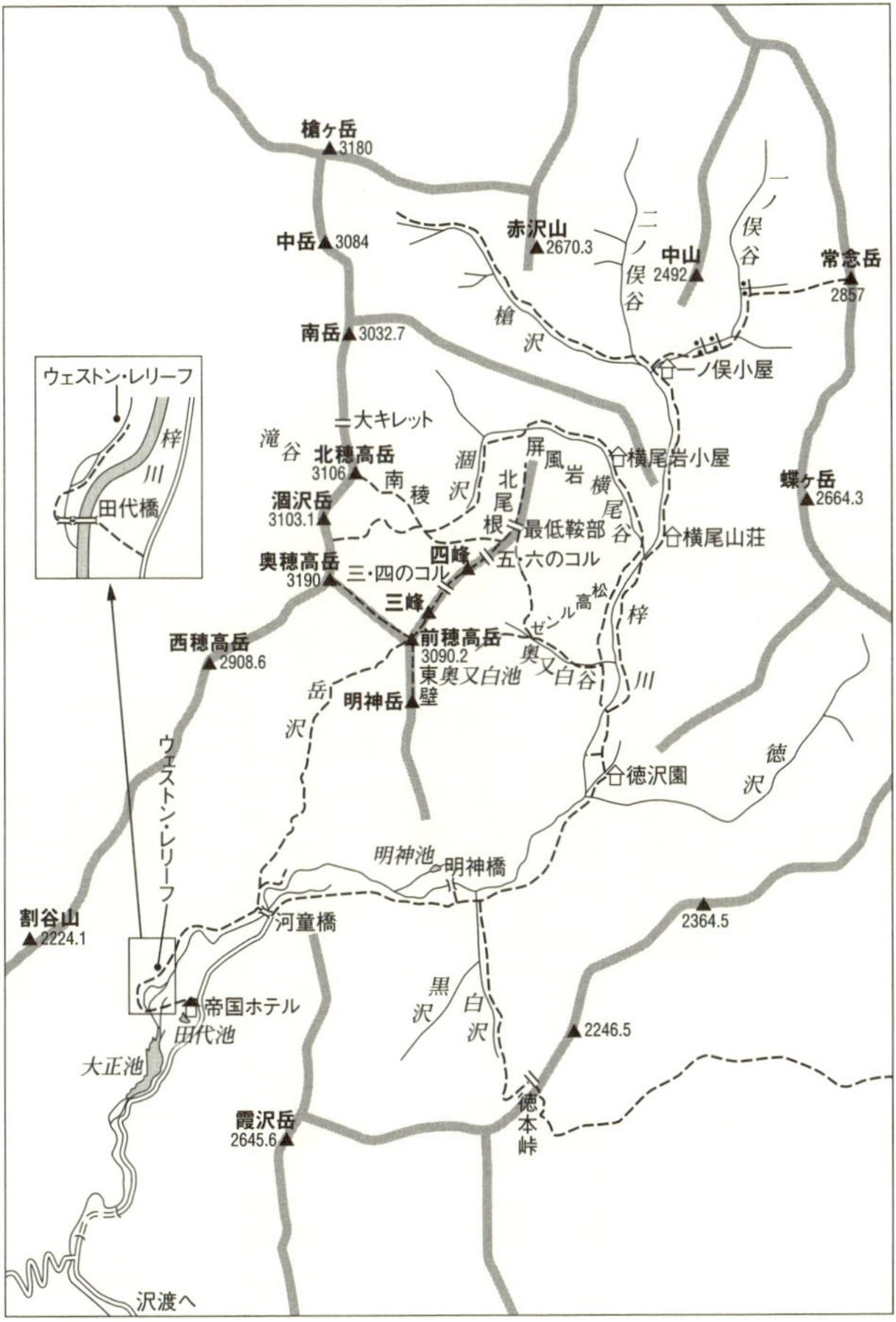

槍ヶ岳
3180
中岳
3084
赤沢山
2670.3
二ノ俣谷
中山
2492
一ノ俣谷
常念岳
2857
槍沢
南岳
3032.7
一ノ俣小屋
ウェストン・レリーフ
梓川
田代橋
大キレット
滝谷
北穂高岳
3106
南稜
涸沢
屏風岩
北尾根
横尾岩小屋
横尾谷
蝶ヶ岳
2664.3
涸沢岳
3103.1
最低鞍部
横尾山荘
奥穂高岳
3190
三・四のコル
四峰
五・六のコル
三峰
松高ルンゼ
梓川
西穂高岳
2908.6
前穂高岳
3090.2
奥又白谷
東壁
奥又白池
岳沢
明神岳
徳沢園
徳沢
ウェストン・レリーフ
明神池
明神橋
割谷山
2224.1
河童橋
2364.5
帝国ホテル
田代池
大正池
黒沢
白沢
2246.5
徳本峠
霞沢岳
2645.6
沢渡へ

〇メートルの大岩壁で、まだ、かなり難しいルートの一つと見られていた。

私とKはその難ルートを登ろうと、未明の涸沢を出発して、まず横尾谷へ降り、屏風岩の徒渉点から今度はヤブの中を急登して、東壁の取り付き点へ向かおうとしたのである。

急な涸沢の道を横尾谷まで降りきった所で夜が明けた。右手にそそり立つ屏風岩は、その名の通り、巨大な一枚岩の壁となって我々の前に立ちはだかっていた。

白み始めた空から、最初の曙光《モルゲンロート》が屏風の上部に届き、そこだけが赤く不気味に輝いていた。

私たちはこれから丸一日かけて、あの壁を攀じ続けるのだと思うと、背中の辺りが妙にゾクゾクしたりした。

だが、歩行のペースは変わらず、テントを出てから四〇分くらいで、横尾の岩小屋に辿り着くことができた。

今は台風などですっかり谷は埋まって、跡形もないが、横尾谷の徒渉点付近には大きな岩小屋があり、屏風を登るクライマーは、ここをベースにしていたものである。

我々はそこで小休止してから、横尾谷を渡って、屏風に取り付く予定であった。ところが、岩小屋まで来た時、奇妙な男と出会ったのである。

歳のころは四〇から五〇歳くらいの間で、およそ山屋らしからぬスタイルをしたその人は、右手に二本の竹の棒を持って川の方へ出掛けようとして、我々と出会ったのだった。我々の出現に彼はギョッとしていたが、私たちの方も異様な彼の姿に同じようにびっくりしてしまった。

「こんにちは」

と、形通りに挨拶を交わしたが、私は一瞬「泥棒ではないか」と思った。涸沢のテント村でも、何組かが留守中に金や装備類を盗まれる事件が発生していたし、彼の姿があまりに汚かったからだ。

我々もお世辞にもきれいとは言えない格好をしていたが、この男の人はボロボロの服に、顔はヒゲぼうぼうである。それに恐らく一ヶ月くらいは風呂に入っていないのではないか、と思われる風体の人だった。

だから、私は彼が右手に持つ竹の棒がサオであるとは、思いもしなかったのである。ちょうどモク拾いが持つ金属棒のように、ゴミをあさる棒か何かを持って、岩小屋にデポしてある荷物を物色しているように見えたのだ。

「何をしているのですか……」という私の問いに、

「イワナだァ。釣りだよォ」

彼は黄色い歯を見せて、そう言った。

今思うと、多分、職業漁師なのだろう。もう何日も、この岩小屋に泊まって、イワナを釣り歩いているらしかった。

私はイワナという魚が、北アルプスの谷にいることは知っていた。だが、それをどのような手段で捕えるのかは、はなはだ漠然とした知識しかなかった。ましで、釣りというと、子供の頃熱中したライギョやフナのように平らな所にある池や川でやるもので、山の上までサオを担いで来る釣り人がいるとは、夢にも思わなかったのである。

谷川岳の麓である湯檜曽川で、イワナを釣っている人を何度か見かけたが、その時は、遠くからボンヤリ見ていただけだった。山の中で釣りをする物好きがいるとは考えられなかったが、どうやら彼はその物好きな一人のようであった。

「イワナって釣れるんですか」

「ああ、腐るほどな。一日に一〇〇やそこら釣るの、わけない」

男の人は、そう答えた。

私は彼の話を聞くうちに「こいつは、うまくいくと釣れたイワナを二～三尾、御相伴にあずかって、塩焼きが食えるかもしれない」というじつに世俗的なこちらの都合のいい考えが浮かんだ。ここはお世辞の一つや二つ言えば、今夜はイワナが食える、そう思ったのである。

そして、先を急ぐKをなだめて、私たちはその男について川まで一緒に行った。彼は少し下流の方へ行き、サオを継ぐと流れの中に仕掛けを放り込んだ。エサは今思うと、多分、川虫ではなかったかと思う。

年季の入った竹ザオで仕掛けを投入したが、素人の我々にはもちろん仕掛けなど見えやしない。ウキ釣りとミャク釣りの区別も当時はできなかったのだから、私はただ、彼がサオを振ったのをボンヤリと見ているだけだった。

すると、第一投目からその男は見事なイワナを釣り上げた。それも、目にも止まらぬ早さである。振り込んだなと思ったら、もう魚が掛かっていたのだ。

それは、私が持つ〝釣り〟に関するイメージを打ち破るには十分なものだった。釣りなんて魚がいるかいないのかわからない所にイトを垂れて、たまにアタリがあるものと思い込んでいたので、第一投から釣れたことに、たいへん驚いたのである。

イワナは優に尺を超える立派なものだった。私は急いで男の所へ駆け寄ると、その魚を見せてもらった。白い斑点が鮮やかで、噂に聞く蛇をも食べる凶暴な魚がこれなのかと、半ば感心しながら手に持ってながめ回していた。

だが、釣り人は最初、自慢そうにイワナを見せていたが、私があまりに真剣にそれを握りしめているのに驚いて、あわてて私の手から取り戻すと、ビクの中にそれを入れてしまった。このままいつまでも私に持たせていると、かすめ取られてしまうとでも思ったのだろう。

彼は我々から逃げるように次の淵へと行くと、再びエサを付け直して、そこへ投餌《とうじ》した。すると、さっきと同じように最初の一流しで、また釣れてしまったのである。私は眼を丸くして、彼の所へすっとんで行った。川の中にはイワナが、それこそ溢れているんじゃないかと思うくらい釣れるのだ。

釣り人は、うさん臭そうに私を見ていたが、私は「すごいなあ」「上手ですね」と言って、釣り人の腕をほめちぎることにした。これだけイワナが釣れるのだ。少しおだてれば、我々が食べる分くらい、くれるかもしれないと思ったのだ。私は、自分が思いつく限りのお世辞を並べ立てた。

だが、釣り人は私のそんな言葉を全く無視すると、どんどん下流へ釣り下って行ってしまったのである。あんなに簡単に釣れたのに、我々には一尾もくれずに……。かくして、私のイワナ釣り師に対する第一印象は、「奴らはケチだ」というすこぶる芳しからぬものと映ったのである。

昭和三六年八月、再び穂高涸沢

例年、夏休みが始まると、私たちは一ヶ月近く穂高の涸沢に入って、滝谷や奥又白の岩壁を登っていたのだが、この年、つまり昭和三六年に、穂高に入ったのは八月に入ってからだったと記憶している。

この年の五月（確か三河島の駅で国鉄の大事故があった頃）に、私は谷川岳の一ノ倉沢エボシ奥壁に、凹状岩壁という新しいルートが初登攀（初登は厳冬期）されたと聞き、その第二登を目論んだが、遭難事故に遭い、入山が遅れたのである。

しかし、梓川沿いを歩くこの時の私のザックの上には、真新しい一本の竹ザオが入っていた。昨年見たイワナ釣り師に触発されて以来、私は東京で当時まだペラペラの雑誌だった『つり人』（つり人社）や『水之趣味』（水之趣味社）のイワナ釣りの項を読みあさって、この日のために備えていたのである。

だが、この年のイワナ釣りへの挑戦はじつに不愉快な結果に終わってしまった。

当時の私は、まだ岩登りが主で、イワナ釣りは暇があったらやってみようという程度のものである。涸沢に入ってDフェースやC沢右俣奥壁、P2フランケ、屏風岩などを登っている間に、エサのキジが腐ってしまったのである。

それと、もっと悪いことには、テントの隅に置いておいた竹ザオが、いつの間にか踏みつぶされて使いものにならなくなっていたのだ。

かくして、この年の私は、イワナ釣りに関しては、まだその入口に立ったにすぎず、玄関に入る前にシーズンが終わるという、情けない結果で終えたのだった。

しかし、釣りの方はダメだったが、この年の私はあっちこっちの岩を激しく登りまくっていた。今の人には信じられないだろうが、この年の七月に、我々は初めてナイロンザイルを購入した。それまでは麻のザイルに鉄鋲《クリンカー》底の登山靴で登っていたのである。こんなひどい装備で屏風岩なんかを平気で登っていたのである。それがナイロンザイルを得たことで、我々の登攀能力は飛躍的に高まり、私はこの年の冬までに、いくつもの難しい壁を登ることができたのだった。

昭和三七年七月、梓川横尾谷

昨年の失敗に懲りた私は、東京に戻ると再び釣り雑誌の記事を読みあさって、イワナ釣りの研究に励んだ。その結果、イワナを釣るには川虫なるエサがあり、これは現場調達ができる具合のいいエサであることを知った。

そこで、この年の穂高行では、特大のキスリングの上に竹ザオを乗せ、ザックの中には川虫採り用の金網と毛バリを忍ばせて、梓川沿いの道を穂高に向かって行った。

同じように穂高を目指す山男たちは、私のキスリングの上に縛りつけられた竹ザオを不思議な顔をして見て行く。

まだ、この時代にイワナを釣るような山男はほとんどおらず、従って、私は半ば変人みたいな眼で見られていたわけである。

そして、何よりも良かったのは、昨年屛風岩に新しいルート（青白ハング）が拓かれたということで、この辺を集中的に登ろうと、ベースを横尾に設けたことである。そこは川がすぐ眼の前を流れていて、イワナ釣りが手軽にできる近さだった。

上高地から梓川沿いに歩くこと三時間、槍ヶ岳への登山道と分かれる横尾にテントを設営すると、私はさっそくサオを持って釣り場へ向かった。

私の格好は学生ズボンを改良したニッカーに、ビブラム底の登山靴、手には二間くらいの竹ザオ（確か、阿佐ヶ谷の釣り具屋で三〇〇円だったと思う）というスタイルで、今思うと素人丸出しの釣り姿であった。

これに見よう見真似で作った仕掛けを結び、入山一日目だというのに早くもぐったりとなったミミズを付けて、ポイントへ臨んだ。といっても、素人であるからどこがいいポイントであるのか、わかるはずもない。ただ、釣り雑誌で読んだ「イワナは岩陰にいる」という言葉を思い出し、私はやみくもに岩の近くにミミズを放り込んだ。

だが、それらはことごとくポイントから外れた、ひどく浅い所とか、止水のような所ばかりであったようだ。

当然ながら何度も投餌してもアタリはない。一昨年見た釣り師は、一投ごとに掛けていたのに、今年は魚がいなくなってしまったのだろうか。

私は登山靴のまま川を何度も徒渉し、上流を目指して行った。すると、小さな落ち込みが現われて来た。その下は暗緑色の深い淵となっていて、いかにもイワナの棲家のように見える。

素人なりに「ピーン」と来るものがあり、私は緊張しながら白泡の脇に仕掛けを投げ込んだ。緩んだイトがオモリの重さで下に沈み、やがてゆっくりと下流へ流れ出した所で、

「ゴツゴツ」

という強烈なアタリが来た。私は心臓が張り裂けそうになり、力いっぱいアワセをくれた。その途端に、サオに重みが掛かり、三〇〇円の竹ザオが大きく曲がった。

「掛かった!!」

私はもう無我夢中であった。イワナがド素人のこの私に釣れたのだ。「釣れた、釣れた」と、私は大声を上げながらサオを立てていた。

ところが、水面まで魚が見えた所で、急に軽くなってしまった。私の眼に、イワナが元の深みへあわてて逃げて行くのが、ちらりと見えた。

イトの結び方が悪く、ハリスとの結び目からほどけてしまったのである。何というドジだろうか。私はショックから、その場にヘナヘナと座り込んでしまった。

だが、それもほんのわずかな間のことだった。気を取り直すと、今バラしたすぐ上手に、もっと良さそうなポイントがあるのに気が付いたのである。私は、今度はほどけないようにしっかりとイトを結び直すと、音を立てないように静かにそこへアプローチする。

そして、その淵でついにイワナを釣り上げたのだった。

深い淵の中をしばらく暴れ回った末に岸へずり上げられた初めてのイワナは、尺に近い大物だった。私は興奮のあまりそれに跳び付き、逃げられないように陸の方へ放り投げた。そして大きく息切れをさせながら、そのイワナをいつまでもいつまでも眺め続けていたのだった。

気が付くと、全身が濡れねずみだった。取り込む途中で足を滑らせ、水の中に転んでしまったのだが、夢中だったので、それも気付かなかったのである。

雪渓から溶けたばかりの梓川の水は、刺すように冷たく、私はその後、激しい悪寒に襲われた。だが、それでも私はこの美しい渓流の住人を、じっと見続けることをやめなかった。

この三〇センチにも満たない美しい魚は、その後の私の人生を大きく変える契機となったのだが、私はまだそのことの重大さに気付いてはいなかった。だが、イワナに対する激しい情念は、私の心の中では静かではあるが確実に燃え始めていたのである。

梓川・横尾谷でイワナを釣って以来、私の山登りは少し変わったものとなっていった。今までは山へ入っても、岩壁のことしか興味がなかったのが、川沿いの道を歩くたびに、淵などをのぞき込み、イワナを釣り始めていたからだ。

はじめは岩登りの合い間に、ちょっと釣りを楽しむ程度であったのが、その面白さにひき込まれ、次第に釣りの比重が増えていったのだった。

しかし、私のイワナ釣りは、相変わらず梓川から出ることができず、ごく限られた狭い地域だけでサオを出しているにすぎなかった。

現在、梓川上流部は禁漁だが、いつからそうなったのかは知らない。だが、少なくとも、昭和四四年まではまだＯＫだった。

昭和五九年の秋、私は久しぶりに上高地を訪ねてみた。河童橋《かっぱばし》からの穂高・吊尾根の姿は、昔と少しも変わっていなかったが、それより驚いたのは、イワナの数が、メチャクチャに増えていたことだ。

河童橋の上からちょっとのぞいただけでも、七〜八尾のイワナが泳いでいるのが見える。そして、大正池では五〇センチ近い大イワナが、水面の虫を狙ってライズさえしていたのである。

勿論、今は禁漁区となったからこれだけ魚が増えたのだろうが、三七年頃の梓川には、正直言ってこれほどたくさんのイワナはいなかった。

梓川は瀬の多い川で、上高地から遡行して行くと、ポイントらしい所は少ない。落ち込みのようなイワナ向きのポイントは皆無で、カーブのブッツケの深場のような所しかない。こうした所にイワナがいたのである。

だから、梓川でのイワナ釣りは、横尾谷から上流を狙うか、あとは小沢を釣ることが主体であった。

上高地で見つけた秘密の大プール

日本アルプスは、英国人登山家ウォルター・ウェストンによって開拓された。この先駆的な登山者の記念碑は、今も上高地の右岸にレリーフとして残され、六月の山開きの時に、〝ウェストン祭〟といって、著名な登山家たちが、彼の碑の前で、花を捧げたりしている。

山の好きな人なら、一度はこのレリーフを訪ねているだろうが、実はこのレリーフの下から、小さな湧き水が出ていることを知っている人は少ない。その水はチョロチョロと流れて、少し下流で更に水かさを増し、ちょっとしたプールをなした後、梓川に流れ込んでいる。

流程はわずか三〇〇メートルくらいしかない短い沢だが、ここがイワナの好ポイントだったのである。

私はある日、上高地をのんびりと散策していて、この秘密のポイントを発見したのだった。特に、小さな旅館の前にあるプールの所は圧巻だった。尺前後のイワナが一〇数尾ずつ列をなして並び、順番に水面の虫に跳び付いていたのである。

私はあわてて小梨平のテントに戻ると、竹ザオを持って来た。もう二週間以上山にいたので、エサは何もなく、東中野の釣り具屋で買った、蜂に似せた毛バリを付けただけのお粗末きわまりない仕掛けである。

それを持ってプールの辺地に立った。イワナたちは、警戒したかのように、少し沖の方へ移動して行った。だが、相変わらず水面の虫へ、交互にライズするのだけはやめなかった。

私はその群れの真上に毛バリを落とすと、あたかも虫が水面でもがくように、毛バリをゆすった。すると、群れの中の一尾が四五度くらいの角度で急激に浮上し、その毛バリに食い付いた。

魚は水面で激しく暴れたが、ハリス二号という強仕掛けの敵ではなかった。たちまちゴボウ抜きにされて、陸の上をのたうち回っていた。それが私が毛バリで釣った最初のイワナであった。

大プールの主との対決

秘密のポイントのイワナは、際限がないくらい釣れた。群れで泳ぐ連中は、仲間が次々と毛バリで釣り上げられるというのに、知らんぷりしていて、順番にハリに掛かってくれた。

だが、私は何度かこの池に通ううちにここに棲むイワナが二種類いるのに気付いた。普通のイワナの他に、体高が高く、幅広で肉の赤い種類が釣れるのである。それが食べて非常にうまいのだ。

仲間は「白石よォーっ、この幅の広いイワナをもっと釣って来てくれ。こっちの方がずっとうまいぞ」と要求されるくらいであった。

まだイワナとヤマメの区別もろくにできない駆け出しだった私は、それがアメリカ原産のブルックトラウトであるとは知らなかった。ただ、この体高の高い〝イワナ〟の方が、美味だったので、その後、私はこれだけを狙い撃ちにする釣り方に切り替えたのだった。

プールの流れ出しの所には、ブルックのどでかい奴がいて、それはどうしても毛バリには反応を示さなかった。だが、何度も行くうちに、夕方になると食う可能性があることを知った私は、ある日まっ暗になるまでそこで待ち、プールの主と対決したのだった。

十分に暗くなるのを待ってから、私は主がいたと思われる所へ毛バリを打ち込んだ。はっきり覚えていないが、確か二〜三度は空振りだったと思う。そして、しばらく水面で毛バリをピチャピチャ動かしていた時、不意に水面が炸裂した。

「来たァーッ」

私は大声をあげて、アワセをくれた。その瞬間、「ボキッ」という鈍い音がした。私は一瞬、何が起こったのか理解できなかった。だが、サオの三番目から先が折れて、暗い水面をすごい勢いで走って行くのを見て、自分が戦いに負けたことを、はっきりと理解したのだった。

私の古い記録帳を見ると、あれほど激しく登っていた岩登りの記録が、昭和三八年の一二月の八ヶ岳の小同心正面クラックの登攀を最後に、プッツリと消えている。

この年の私は、恐らく自分の人生で最も激動した時であった。私が、上高地で主と対決している時、北穂高滝谷のクラック尾根では、まだ高校生だった私の弟をリーダーとするパーティが、死亡事故を起こしてしまったのである。

そして、九月にはやはり友人だった川上信男が、谷川岳の難所と言われた衝立岩《ついたていわ》のダイレクトカンテに横尾康一（数年後にグランドジョラス北壁を登攀）と初登の新ルートを拓いているうちに墜落し、数日後に死んでしまったのだ。

私は、漠然とは死がどんな意味を持つのか、知っているつもりであった。だが、まだ二〇代になりはじめの若者に迫って来た二つの現実の死は、あまりに生々しく、衝撃的であった。

くったくがなく、口を開けば笑うことしか知らなかった私たちのグループは、次第に口が重くなり、笑いの代わりに苦渋がこぼれて来るようになった。

遭難事件の事後処理は、まだ現実の厳しさを知らない若者たちに、たっぷりと〝世間〟が何たるかを教えてくれたのだった。我々は自分たちが、無責任な生き方をしていたことを反省するとともに、それぞれが自分の責任において生きて行く途を探り始めたのだった。

山の仲間との付き合いは、自然に疎遠となっていったが、それよりもっとショッキングなことが、私の身の上には起こっていた。何気なく受けた健康診断で「心臓の音に異常がある。精密検査を受けた方がいい」と言われ、大学病院で調べたところ、心臓弁膜症と言われてしまったのである。

心臓だけは人一倍強いと思っていた私は、心臓弁膜症と言われても、信じることができなかった。「心臓の悪い人間が、どうして山登りできるんだ」と、反論したが、医師は「あなたの場合、まだ症状は出ないが、このままではいずれ寝たきりの体になる。悪いことは言わない。若いうちに手術しなさい」と言うのだった。私の心臓は半分こわれかかっていて、もう、これ以上は山を続けることは不可能だったのだ。

内的世界への遡行

昭和四〇年四月、私は大学病院の手術台の上で、心臓弁膜症の手術を受けていた。六時間に及ぶ大手術の間、たくさんの山の仲間が集まってくれ、彼等の新鮮な血液、五四〇〇ccの献血を受け、私の手術は無事完了した。

今では心臓の手術といっても、大したことはないが、当時の医学の水準ではまだまだたいへんな大手術で、私はその後、一年に及ぶ闘病生活を余儀なくされたのである。

もう好きな山へ行くことも、また上高地のイワナを釣ることもできなかった。だが、時間だけはたっぷりあった。その時間を、私はほとんど読書に向けたのだった。それも、なるべく読むのに時間のかかる大著ばかりを選んで、むさぼり読んだのである。

マルクスの『資本論』や、トインビーの『歴史の研究』といった有名な大著を読破したのもこの時であった。

だが、この時期の私はもっと暗い内容の書物の中でもがき続けていたのだった。一方でこの期間、私は主にドイツの哲学書を読みふけり、カントの『純粋理性批判』から、ヘーゲルの『精神の現象学』を経て、やがて、私の生き方を変える一冊の本に出会う途についていたのだった。

その本は、ハイデガーという今世紀最大の哲学者が書いた『存在と時間』という本であった。この本の内容は、非常に多岐に渡り、一言で説明できないが、要するに、人間は〝世界内存在〟といって、それぞれ自分だけの世界を持ちながら、その世界に自分が意味を与えつつ、死んで行くというようなことが書かれていた。

人はこの世に生まれた時から、必ず死ぬことが運命づけられている。従って自分の人生は限られた時間の中に区切られていて、誰もその限界を超えることはできない。しかも、その限界点がどのくらい残っているのか、つまり、どのくらい生きられるのかは、誰も知ることはできない。明日死ぬかもしれないし、数十年先かもしれないのだ。

だが、いずれにしても、自分はいつかは死ぬ。それが人間の宿命である。しかし、もし明日自分が死ぬとしたら、今の自分はこのまま日常性の中に埋没したままでいいのだろうか。時間は限られているのである。

ハイデガーは自分の死の可能性に気付いた時、人は時間の有限性を知り、それを自分にとって有効に使う、と考えたのである。

たとえは良くないが、ちょうど、テストの前に学生があわてて勉強するのに似ている。明日死ぬかもしれない、と知った人は、時間や、彼を取り巻く世界が、全く違った大切なものに見えて来る。これがハイデガーの言う〝世界内存在〟の姿である。

人は死の淵に立った時には、全く別な世界が見えて来る。それこそがあなたの生きるべき本当の世界だ、と言うハイデガーの考え方に、私は深い共鳴を覚え、難しい彼の著書を夢中で読んだのだった。

そして、その後、彼の〝世界《ディー・ヴェルト》〟というものに対する考え方は私の中では別な形で成熟し、やがて〝イワナの世界〟という言葉へ進んで行ったのである。

昭和五九年一〇月、上高地への思いを秘めて

この章の中頃に述べたように、私は五九年の秋に十数年ぶりに上高地を訪ねた。それは、勿論、自分が若い頃に登った穂高の山々を見るためでもあったが、もう一つの目的は、私が主と対決して敗れた、あのウェストンのレリーフから流れ出た小沢のプールを、もう一度見てみたかったからだ。

私は拡声器から流れる騒音と人の多さに、半ば幻滅を感じながらも、大駐車場に車を停めると、河童橋を渡って右岸沿いに下流方向へと歩いて行った。

そして、西穂高の方から押し寄せた尾根の末端にある、あのウェストンのレリーフをすぐに見つけることができた。

だが、そこから豊かに湧き出ていた清水の流れを、もう見つけることはできなかった。わずかに水が流れたような跡だけが残っていて、それが大プールの方へ汚ならしい湿地のようになって続いていた。

そして、私がかつてその池の主と対決したプールは埋め立てられていて、その上に

は、旅館が建ち、前庭の辺りにわずかな小さな水溜りが残っているだけだった。

その水溜りは、油が浮き、水面が妙な青光りをしていたし、端の方には汚ならしいゴミやら泥が散在していた。

かつて、ここに群れていたイワナたちは、どこへ行ってしまったのだろうか。私の竹ザオをへし折って、闇の中に消えたこの池の主も、勿論、もうそこには泳いでいるはずもなかった。

私は自分が草陰に隠れて、プールの主を掛けた日々のことや、清冽な流れの中を一列になって、順番に虫を食べていたイワナたちのことを思い出していた。

あの時の池はもう消えていた。しかし以前は確かにここに存在していたし、ここから自分は病を克服して、別な世界、すなわち、〝大イワナの世界〟へ飛翔して行ったのである。

自分の前にはもうその池の姿は、ほとんど存在していなかった。けれども、私の心の中では池は、今もイワナたちがたわむれる楽園として脈々と生き続けていた。私はそのことをしっかりと確認すると、秋も深まった上高地を後にしたのだった。

朝日連峰・大鳥池

幻の滝太郎への
長い挑戦の旅

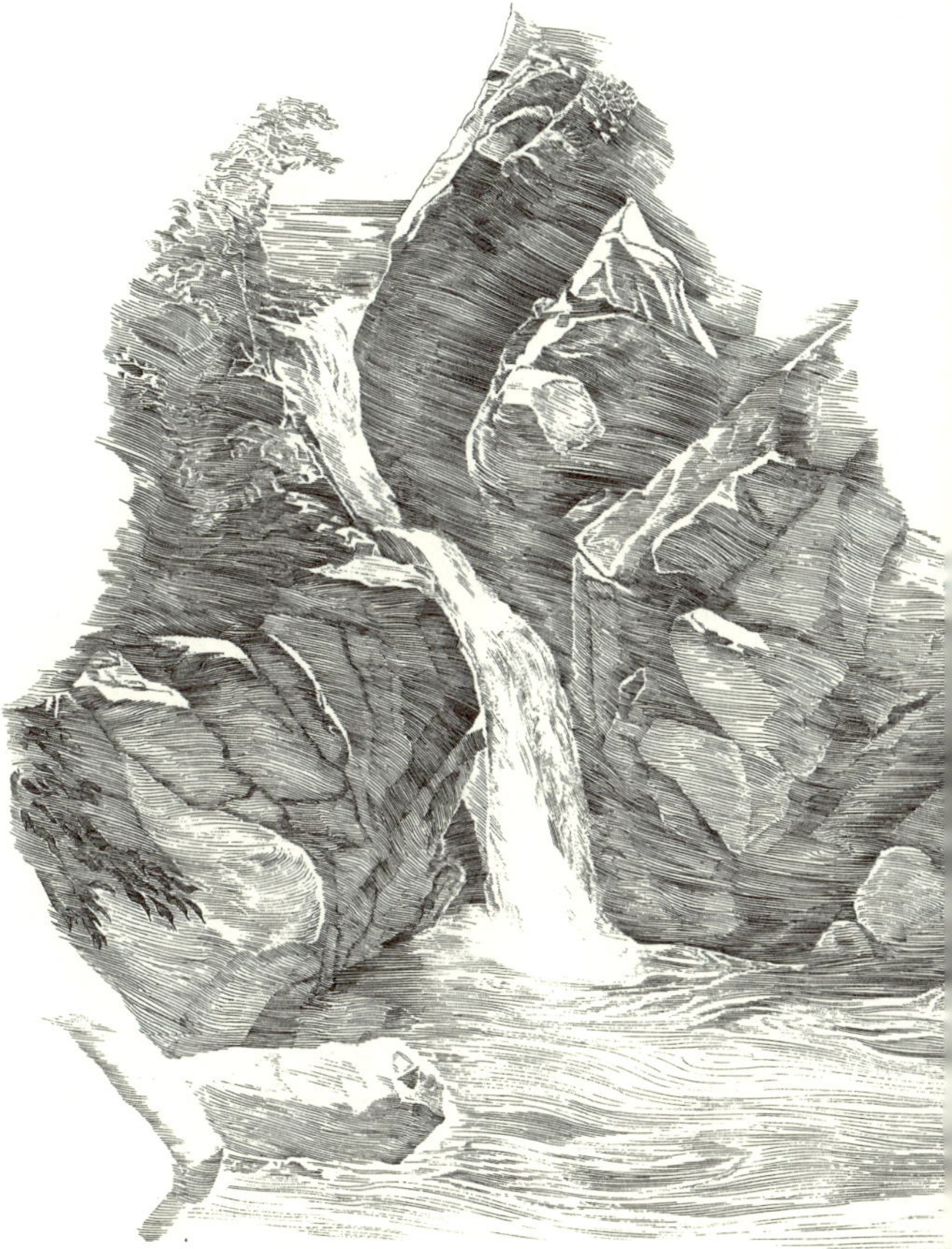

昭和四〇年四月に心臓弁膜症の手術を受けて以来、二年間、私は山へも渓流へも出掛けることなく、病院のベッドと自宅で、もんもんと時を過ごしたのだった。しかし、昭和四二年に入ると、次第に体も回復し、軽いハイキング程度はできるようになった。

昭和四二年の五月に、私はまず、谷川岳から流れ出る湯檜曽川を、六月には楢又川を攻め、初めて梓川以外の場所でサオを出したのである。

だが、それはまだ足慣らし程度の軽い釣行《ちょうこう》で、本格的な渓流釣りと呼ぶにはほど遠いものであった。私が病院を退院してから、初めてイワナ釣りと呼べるような所へ行ったのは、この年の八月に東大鳥川へ釣行した時からである。

東大鳥川の上流には、有名な大鳥池がある。この池へは昭和三九年に以東岳登山の折に立ち寄ったのだが、このとき、この池には〝滝太郎〟なる怪魚がいて、その大きさは六メートルにも達する、という話を聞いていた。あの時見た大鳥池の印象はかなり強烈で、釣りザオを持参しなかったことを悔やんだものである。

そこで、私は自分の体が治れば、本格的なイワナ釣りは、ぜひとも大鳥川から始めたい、と心に決めていたのである。

ただ、この時の私には、一緒に行動してくれる仲間が欠けていた。山に登っていた仲間たちは、三八年の遭難事故以来、疎遠になったり、就職して社会人となったりし

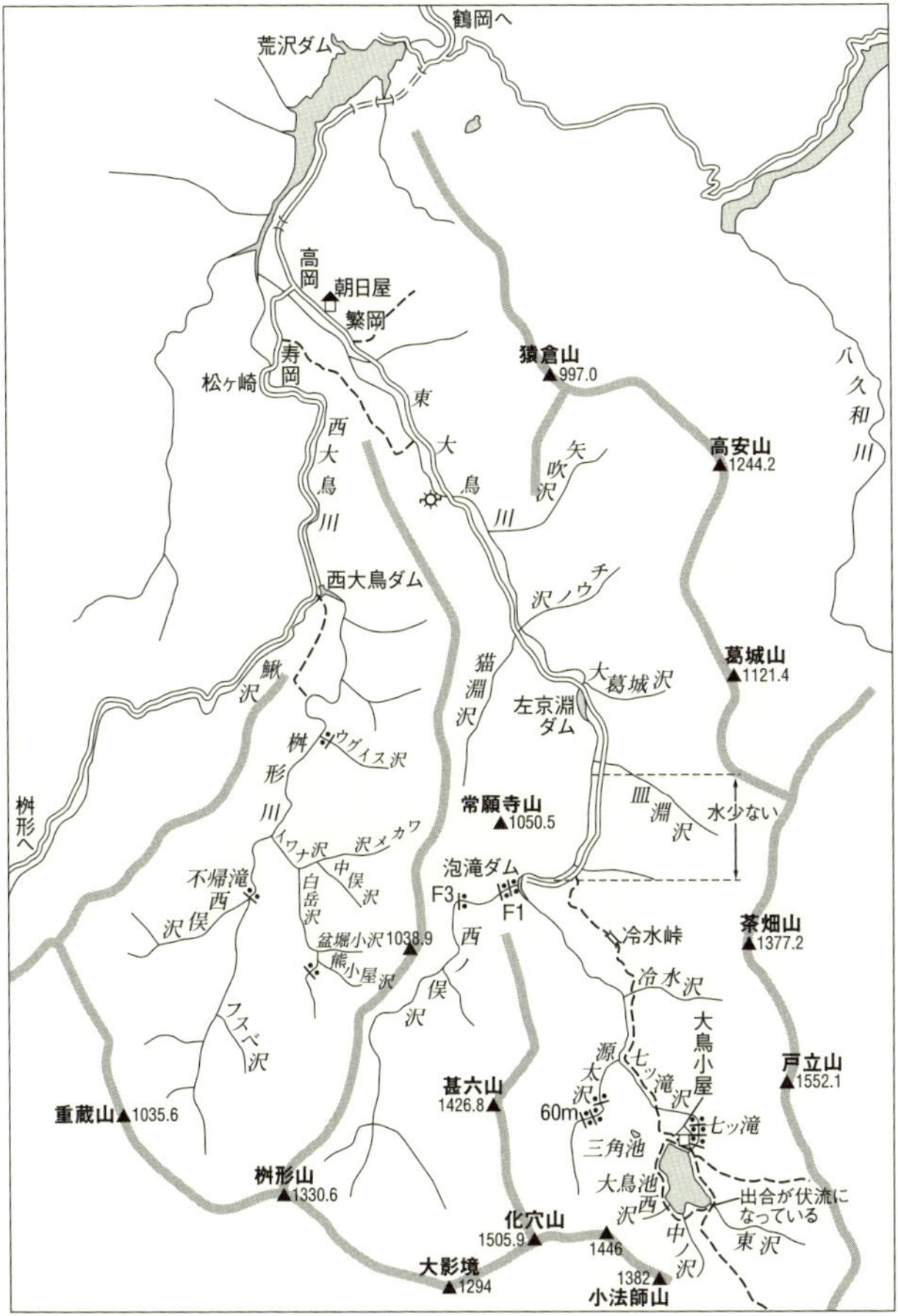

鶴岡へ
荒沢ダム
高岡
朝日屋
繁岡
寿岡
松ヶ崎
猿倉山
997.0
東大鳥川
矢吹沢
高安山
1244.2
八久和川
西大鳥川
西大鳥ダム
チウノ沢
猫淵沢
鰍沢
大葛城沢
左京淵ダム
葛城山
1121.4
ウグイス沢
桝形川
常願寺山
1050.5
皿淵沢
水少ない
桝形へ
イワナ沢
カワメ沢
中俣沢
白岳沢
泡滝ダム
不帰滝
西俣沢
F3
F1
盆堀小沢
1038.9
熊小屋沢
西ノ俣沢
冷水峠
冷水沢
茶畑山
1377.2
フスベ沢
大鳥小屋
源太沢
七ッ滝沢
甚六山
1426.8
60m
七ッ滝
戸立山
1552.1
重蔵山
1035.6
三角池
大鳥池
桝形山
1330.6
西沢
出合が伏流になっている
化穴山
1505.9
1446
中ノ沢
東沢
大影境
1294
1382
小法師山

て、私のようなヒマ人は一人もいなかった。私は新たな仲間を探す必要があったのである。

病の床から立ち上がりイワナの世界へ

私は同じ大学の研究室の中で、山登りをやっていたというM君に目をつけていた。彼は山はかなりやっていたが、勿論イワナ釣りなどやったこともなかった。

だが、私は彼を〝イワナ釣りの世界〟の中にひきずり込むつもりでいたので、彼と会うたびに、イワナ釣りの面白さを吹聴したのだった。彼は最初、山登りには興味を示したが、イワナ釣りには関心がないようであった。

そこで、私は大鳥池へ行く前提として、普通の山登りを通して彼にイワナ釣りの面白さを吹き込むとともに、彼の山での技量を見抜いておこうと、この年の七月に、再び穂高に行ったのだった。

この時は、徳沢園の先から、松高ルンゼを登り、奥又白《おくまたじろ》に出て、インゼルの横からC沢を詰めて、三・四のコルより北尾根経由で、前穂高、奥穂高岳というコースを選んだ。

岩登りを盛んにやっていた時なら、目をつぶっても歩ける楽勝コースだったが、私はM君のために四〇メートルのザイルを一本忍ばせて行った。

ところが、松高ルンゼ沿いに奥又白へ至るルートで、早くも難問に突き当たってしまった。パーティは私とM君、それに私の弟が同行したのだが、先を行く弟がコースを間違え、ひどい岩場に出てしまい、M君のために用意したザイルに私自身がお世話になってしまったのである。

まさか自分には必要ないだろうけどM君が怖がったら困る、と思って用意して来たザイルが出され、私たちはスタッカット（ワンピッチごとにザイルで確保しながら登ること）で、この岩場を越えなければならなかったのである。

そして、ヘトヘトになって奥又白の池へ辿り着いた。私は病み上がりで、体力が極端になくなっているだけでなく、昔、楽々と岩場を登ることができた能力が、ほとんど無に近くなっていることを知らされたのだった。

翌日、奥又白の雪渓からインゼルに入り、C沢から前穂三峰の登りにかかった。ここは高度感のある岩場だが、昔ならザイルもなしにスイスイと登り降りできたものである。

だが、病人の私はそこをほとんど初心者のようにヨタヨタと登り、前日と同じくヘトヘトになりながら前穂高から上高地に戻ったのだった。

しかし、最初、松高ルンゼでぶるったM君の技量は素晴らしかった。三峰の登りも、問題なく乗っ越し、これから一緒にイワナ釣りに行くパートナーとしては、申し分ない、と私は判断したのである。

昭和四二年八月初めに、私とM君は上野発二一時〇〇分の鳥海号《ちょうかい》に乗り、一路、鶴岡を目指していた。それ以後、何十回と乗ることになるこの列車に長いこと揺られつつも、眠れぬままに鶴岡に着いた。

今でも続いているかどうか知らないが、駅前には朝市が立ち、私たちはここでメロンやアンズなどの果物をたくさん買い込んでから、大鳥行きのバスに乗ったのだった。大鳥は、繁岡、富岡、寿岡の三つの岡の名の付く部落から成り、大鳥池は繁岡で降りる。ここには、今は滝太郎ですっかり有名になった旅館の〝朝日屋〟があり、私たちが「滝太郎を釣りに来た」とつげると、「六尺くらいの奴がいるけど、釣れん」と、宿の主人が言った。彼は私たちの狙いなど、とんと問題にしていない風であった。

ここから泡滝ダムまでは、単調な車道を三時間ほど歩かなければならない。朝日屋の主人は、確か一人千円くらいで泡滝ダムまでトラックで送ってくれると言ったが、まだ学生で、金のない私たちはこれが払えなかった。結局、途中まで半額の料金で送ってもらい、その後は夏のものすごい暑さの中をダムまで歩くしかなかったのである。泡滝ダムへ着いたのは、確か一時頃だったと思う。汗びっしょりになった体を大鳥川で冷やすと、その日はダムのバックウォーターから本流を釣り遡ることにした。

今は川沿いに道ができたという話だが、当時、道はなく、川通しに遡行してM君にイワナ釣りのコーチをしながら行くが、九寸前後のイワナがよく釣れた。M君は、釣りは初めてだが、魚影が濃いので結構釣ることができたのである。

不気味な雰囲気を漂わせた大鳥池

翌朝、M君と私は冷水峠を越えて、本命の大鳥池へ向かった。峠への急登で、また病み上がりの体力のなさを痛感させられたが、それでも冷水沢に着くまでは元気であった。滝太郎を釣りたいだけに、必死で歩いたのである。

だが、七ッ滝から池への登りでは、アゴが出てしまい、大鳥池へはようやく着いた、という感じであった。穂高で足ならしをして来たとはいえ、運動不足と病気による体力の減退は、目をおおうものがあり、もう、本格的な登山をするだけの体力は完全に失われていると判断せざるを得なかった。

大鳥池は以東岳の北西にある標高一〇〇〇メートル弱の池で、周囲は約二キロ。

青々とした水をたたえた姿は、いかにも怪魚・滝太郎が棲んでいそうな雰囲気を漂わせている。

池の周囲には遊歩道があり、池を一周することができたが、ざっと見晴らした限りでは、釣りができそうな場所は七ッ滝沢の流れ出し付近と、東沢の付近だけのようである。

私たちは七ッ滝沢の流れ出しにある大鳥小屋の横にテントを張ると、さっそく大鳥池で釣り始めた。しかし、この付近は遠浅で、普通のエサ釣りの仕掛けでは釣りにならない。

私は三九年の偵察の時、そのことを知っていたので、リールザオを持って来ていた。これに玉ウキを付け、二〇メートルほど遠投すると、ウキが「ポコーン」と沈む。それを見ながら軽くアワせると二二〜二五センチくらいのイワナが釣れて来る。

ちょうど、メジナのフカセ釣りのように、キジのエサの付いた仕掛けを二〇メートルほど投げて、静かにアタリを待っているという釣り方である。この方法で、私とM君は一時間で一五尾くらいのイワナを釣り上げた。

しかし、私がリールザオを持って来たのは、沖にいると思われる〝滝太郎〟を釣ろうと思っていたからである。ところが、釣れて来るイワナは中型ばかりで、しかも時折気味の悪いイモリが釣れたりして、釣りとしては全然面白くないのである。

リールザオによるウキ釣りは、かなり効果があったが、滝太郎が釣れない以上、いくら中型を釣っても仕方がない。そこで私たちは、東沢の出合の方へ移動してみた。

東沢は池への流れ込みが伏流になっていて、バックウォーター付近は、見込みがなさそうだった。しかし、沢を少し登ると水が流れているのが目についた。

沢の上流から流れて来た水は、伏流の始まる所で、石の間に吸い込まれるように入って行く。そこが暗い穴になっていて、何気なくその穴の所にキジを入れると「ググッ」とアタリが来た。

「エイヤッ」とばかりにアワセをくれると、これが何と尺一寸はある良型である。ところが、その後、M君が同じ穴にエサを流し込んだら、また同じくらいの型が釣れて来る。いや、それどころか、この穴から、次々と釣れてくるのである。

恐らく、この穴が大鳥池と通じているのだろうか。地下の水路を通って、池からイワナがどんどん遡って来ているのだろう。私たちはこの穴だけで七尾ものイワナを釣ってしまったのである。

そして、この沢を詰めて行って、さらに驚いてしまった。ポイントごとに尺近いイワナが入れ食いで釣れたのである。

梓川や楢俣川でも型のいいイワナは結構釣れた。しかし、これほどまでに型の揃ったイワナが入れ食いで釣れたのは、初めての経験であった。

ついに五〇センチのイワナを掛ける

私たちは大鳥池畔で三日間を過ごしたが、お目当ての滝太郎の姿を、ついに見ることはできなかった。だが、池のウキ釣りも東沢のミャク釣りも大成功で、たくさんのイワナを釣って、池を後にしたのだった。

しかし、このまま東京へ帰るにしては、まだ気がかりなことがあった。それは七ッ滝沢の下流で出合う源太沢にサオを出していないことである。

そこで私たちは帰りがけの駄賃とばかり、池から降りて来る途中で、この沢に入渓してみることにした。ところがこれがたいへんな沢だったのである。

源太沢の出合は広い河原で、大したポイントもなかったのだが、ちょっと深くなった所では、必ずと言っていいほど良型のイワナが釣れて来た。

今では恐らくこの沢も荒れ果てているのかもしれないが、当時、この沢にサオを出す人はいなかったのではないだろうか。とにかく、東沢と同じように入れ食いで、しかも、時折尺物も混じるのだ。

そして、五〇〇メートルも進んだろうか。次第に両岸は狭まり、やがて先の方に小さな滝が見えて来た。その少し下流には、緑色をした深い淵が二つ続いてあった。

最初の淵は少し浅く、底の小砂利が見えている。まず、その淵にM君が投餌《とうじ》した。今までの釣れ具合からして、当然、即アタリがあるはずであった。

ところが、どうしたことか、素晴らしいポイントなのに、全然アタリがないのだ。水が非常に澄んでいたので、イワナたちは我々の姿を見つけていたのかもしれない。

私たちは首を傾げながら、その淵を諦め、上の淵へ向かった。そこは小滝のすぐ下流にある深場で、下流から大物が遡上して来たら、いったんこの淵で休止するような場所であった。

まだ、イワナ釣りにはそれほど慣れていなかった私は、そこまで読むことはできなかったが、本能的に「この淵には大物がいる」と思った。それほど素晴らしい大淵だったのである。

私はカミツブシオモリの上に板オモリをさらに巻き付けて重くし、深い淵の底の方にエサを沈めてやった。しかし、ここも前の淵と同じようにアタリがないのである。

このように今まで釣れていたのが大場所で急にアタリがなくなるのは、そこに大物がいるからで、小物が食わなくなるためなのだが、そんなことは知らない私は、しきりに「おかしい」と言って、しぶとくその淵でねばり続けていた。

すると、その時〝ゴツーン〟というアタリが手に感じられた。私は「ムムッ」と思いつつ、軽くアワセをくれると、〝グッ〟という魚の重みが伝わって来た。

私の持つ竹ザオは大きく曲がりはしたが、魚は比較的簡単に浮いて来た。この日も尺一寸級のイワナを二尾も釣っていたので、この魚もその程度と思って、普通にサオを立てたのである。

しかし、水面に上がって来た魚を見てびっくりしてしまった。五〇センチはありそうな丸太棒のような魚が水面を〝ジャバジャバ〟やっているのである。

「滝太郎だ、滝太郎だァ」

私は今まで見たこともない大型のイワナが掛かったことで、すっかり興奮してしまっていた。滝太郎は大鳥池にしかいないはずなのに、もう自分は幻の怪魚をハリに掛けたと思い込み、岩の上から大騒ぎを演じていたのだった。

だが、私の立っている所は高い岩の上で、魚はずっと下の深い所で、浮いたと思うと再び潜るという動作を悠然と繰り返していた。この魚を取り込むには、私が岩伝いに下って、魚を下流の浅場に誘導するしか方法がないようである。

そこで、私と同じく、すっかりオロオロしているM君に先に降りてもらい、彼の帽子ですくってもらうように頼んでから、私も下流に下り始めた。

しかし、私は下り始めたのに、肝心の魚は一向に言うことを聞いてくれずに、淵の中央でがんばって、動いてくれないのだ。それどころか、私が少し強くサオを立てたところ、急に激しく暴れ出し、「アッ」という間にイトを切ってしまったのである。

この間、言葉で書くと長いけれど、時間にすれば一分もなかったろうか。私が出会った最初の大イワナは、かくして短い出会いの挨拶を交わしただけで、再び源太沢の深淵の中に消えて行ってしまったのだった。

朝日連峰・
東大鳥川西ノ俣沢

暗いゴルジュの
奥に隠された
イワナの楽園

ハリの怖さを知らぬイワナたち

大鳥池の滝太郎を釣りに行った帰路、源太沢でとてつもない大物を掛けてしまった私は、それからの数年間、ほとんど馬鹿の一つ覚えみたいに、ひたすら大鳥川を目指していたのだった。

当時の東大鳥川は、それほど魚影の濃い川ではなかったが、それでもそこその釣果はあり、尺イワナも釣れていた。しかし、最初に出会ったあの巨大なイワナは、その後、沈黙を続け、私のサオを曲げてくれることはなかった。

滝太郎がいるという大鳥池にしても、数はたくさん釣れるけれど、型は二五センチ止まりで、怪魚の存在について私は次第に懐疑的になって来るのだった。

その後の二年間余りで、私は大鳥川のほとんどの地域に足を踏み入れ、一応、自分なりに「イワナ釣りとは、こんなものなのか」ということが、わかりかかって来た時期でもあった。

イワナの釣り方も上高地時代と比べると、格段と進歩し、スレたイワナでもかなりの確率で釣れる腕前になっていた。

この頃の私は、怖いもの知らずで、一面では自信満々の傲慢な天狗であった。心臓弁膜症とはいえ、体力だってある程度は快復し、しかも、岩登りのテクニックでは負けないと思っていたから、私の態度は、かなり生意気な男であったはずである。

若気の至りというか、今思うと自分でも恥ずかしいのだが、とにかく、私には謙虚になるという気持ちが欠けていたのである。しかしそれは、反面では何事にも負けないというチャレンジ精神の現われでもあった。

私は大鳥川を攻めて行くうちに、この川の周辺には、いくつかの注目すべき谷があって、それらの谷には、まだハリの怖さを全く知らない大イワナが泳いでいる、ということを知ったのである。

釣り場が険しくなればなるほど気持ちが高まって、うれしくなってしまった当時の私にとっては、そうした谷にいつしか自分自身が対決しなければならない、いわば宿命的な場所でもあったのである。

かくして、私は通いつめた大鳥川を超えて、新たな谷を目指していったのである。

その谷の名前は八久和《やくわ》川であった。

八久和川は以東岳の東側より大鳥川に並行して流れる長大な渓流で、川沿いに道がないことから、今でも第一級の釣り場となっている。しかし、私がこの谷を目指した昭和四四年から四五年の頃には、この谷はほとんど人に知られていなかった。

遡行記録を探したが見つからず、後になって昭和三〇年代の初頭に一パーティ遡行した記録を見つけただけで、遡行の難易度さえわからない状況であった。

ただ、大鳥で聞いた「八久和へ行きたいだとお？　そんなとこ行ったら死んでしまうぞ」という、地元の人の忠告からして、その谷を釣り遡るには相当の覚悟が必要のようであった。

今思い出せば別にどうってことのない、ちょっと険しい程度の谷なのだが、当時は情報というのは皆無に近く、人伝てに聞く話は「とにかく恐ろしい所だ」という評判だけが伝わっていたのである。

まだ見ぬ八久和の流れは、人を寄せつけない厳しさがあった。しかし、その長大な流れの中には、大鳥池の滝太郎にも通じるような巨大なイワナがいるという私の確信は、日ごとに高まっていったのである。

源太沢で五〇センチ級を逃したとはいえ、東大鳥川のイワナは最大級でも四五センチを超えることは難しかった。二年に渡る大鳥行で、この川のほとんどの部分を探ったけれど、この水系で滝太郎の末裔を求めることは、どだい無理だったのである。

私は大鳥川に通ううちに、次第に自分のイワナ釣りは、単に魚を釣り上げればいい、というようなものではなく、より困難な状況下で、より巨大な魚を釣りたい、という思いが強いことに気付き始めていた。

私の心の底にメラメラと燃えるこの情念みたいなものを鎮めるには、もう、八久和川を攻めるしか道はなかったのである。


八久和のような川をやる場合に不可欠なパートナーに、私は同じ研究室のM君に目をつけていた。彼とは大鳥川へ何度も出掛け、そのつど遡行のテクニックなどを教えて、八久和を目指していた。

ところが、この年、M君は不意に結婚生活に入ってしまい、バイトと論文作成に精を出さねばならなくなってしまったのである。奥さんを養うためにも働く必要があったし、早く学位を取らなければならない。のんびりイワナなど釣っている暇はなくなってしまったのである。

あわてた私は、新たなパートナーを見つける必要があった。だが、研究室の仲間は、およそ釣りとは無縁な連中ばかりである。昔の山仲間とは付き合いがなくなっていた私は、イワナ釣りの同行者を探す手だてもなかったのである。

だが、そうこうしているうちに、次第にシーズンも迫って来ていた。ぐずぐずしていると禁漁になり、今年の遡行は不可能になってしまう。

ところが、この年の春に研究室に入って来た中に、恰好の人物がいたのである。イニシャルでいうと同じM君なので、ここではMT君と呼ばせていただきたいが、彼は郷里の四国でアマゴ釣りをやっていた釣りマニアで、私の計画を聞くと、身を乗り出して来た。

M君と違って山の経験はないが、釣りの方の腕はなかなかのようである。ただ、山の経験が全くないのに、いきなり八久和に入るというのは、さすがに私も躊躇《ちゅうちょ》した。谷の様子もわからない所へ、山の素人を連れて行き、遭難事故でも起こしたらたいへんなことになってしまうだろう。彼にある程度、険しい遡行に慣れてもらうのと、彼の能力を見極めるためにも、その前にいくつかの容易な谷へ一緒に入渓する必要があったのである。

最初の釣りは記憶が定かではないが、確か、五月に日原川の川乗谷へ行ったはずである。ただ、この時の釣果などについて、ほとんど覚えがないので、恐らく二人ともスレッカラシの奥多摩のヤマメに馬鹿にされ、ロクな釣果もなく帰ったのではないかと思う（魚の濃かったあの当時から、すでに奥多摩のヤマメはものすごいスレッカラシであった）。

そして七月に入って、例によって、また東大鳥川を二人で攻めたのである。私は昔の夢が忘れられず、あいも変わらず源太沢へ入って行った。しかし、当然のことながら大イワナは姿を見せなかった。そんな簡単に釣れるわけはないのだ。

ただ、この時の私たちは、それまでとはちょっと違った出立《いでたち》をしていた。私はザックの中に、長い間使われていなかったザイルを忍ばせていた。

それは昭和三八年の一二月に小同心正面クラックで使われて以来、本格的には一度も使うことなく七年間も押入れの奥に仕舞われていたものである。私はその思い出深いザイルとともに、カラビナやハーケンと、何本かのザイルシュリンゲ（ザイルを数メートルに切って輪にしたもの）を持って来ていた。

私の狙いは泡滝ダムの左岸に流れ込む西ノ俣沢を詰めることにあった。この沢は入口がダムの対岸にあり、長いヘヅリをしないと出合に達せない。その上、しばらく行くと悪い滝が連続していて、釣り人はほとんど入渓していない。

以前、私はM君とこの沢に入り、尺上をかなり釣っていたが、三つ目の滝が悪くて、それ以上先に行けなかったのである。この滝は左岸側が高い崖になっていて、、上流へ行くには右岸を巻くしかなさそうである。しかも、その先はもっと悪い所が続いている雰囲気の沢だった。

その体験から、Ｆ３を安全に乗っ越すにはザイルが必要、と私は判断したのである。それに私の最終目標はＭＴ君と八久和を遡行することだから、そのためにも彼にザイルの扱い方を習熟してもらう必要もあったのだ。

尺イワナの入れ食いに続いて三九センチが

七月末の暑い日だった。私たちは泡滝ダムの堰堤を渡り、西ノ俣沢の出合までいやなヘヅリをして行った。狭まった谷に入ると、尺を超えるようなイワナが我々の姿を見て右往左往している。

それを見たとたんに二人は、たちまち釣り師に豹変。物も言わずに竹ザオ（まだグラスロッドより竹ザオの方が多い時代であった）を継ぐと、出合から釣り始めてしまったのである。

イワナの数は大鳥川本流に比べれば抜群ではあったが、それ以上に、ここのイワナは型が非常に良かった。私とＭＴ君は交互に釣り遡って行ったが、最初の滝に達するすぐ下流で三九センチのイワナを釣ってしまったこともあって、遡行のピッチはあまり上がらない。

Ｆ１を軽く巻いても魚影の濃さは変わらない。だが、不思議なことに最初の滝から上ではイワナの型は落ちて、八寸級しか釣れなくなってしまったのである。川が小さい割に魚の数が多すぎるからイワナが大きくなれないということを、悲しいかな、当時の私は知らなかったのである。

それでも数が釣れるので夢中になって釣り遡って行くと、F2が現われた。ここはゴルジュ帯で、前年来た時は右岸を巻いたが、ひどい大高巻きとなり、一〇メートル通過するのに二時間近くロスしてしまったので、今回は泳いででも滝を直登するつもりであった。そのためにザイルも持って来ているのだ。

私は長いゴルジュの淵に跳び込んだ。だが、深そうに見えた淵は胸くらいの水深しかない。そして、それを過ぎると左岸側の濡れたスラブ（一枚岩）をトラバースして行けば、何とか滝の下に出られそうである。

このヘヅリはきわどいバランスを要求されたが、もし失敗しても下は滝壺なので、死ぬ恐れもない。我々の装備はひどいもので、足ごしらえは土方が履く普通の地下足袋だから、濡れた岩はツルツル滑って、まるで氷の上を歩いているようであった。

しかし、MT君も若さでここをこなすと、滝の上に一気に攀じて行った。以前この滝上へ来た時には、しばらくの間アタリがなく、F3近くになってからようやく釣れ始めたのだが、今回も同じであった。

こうした険しい廊下帯では、出水のたびに魚が滝下に流されてしまうのだろう。一般に滝の上しばらくは、イワナは少ないのである。

昨年二時間かけて越えた滝を一五分で乗っ越した我々は、もう人の足跡も皆無なイワナの世界に突入していた。昨年はこの滝を遠くから見ただけで「登れない」と判断したために、二時間も岩とヤブに悩まされなければならなかった。

ところが、少々の淵なら跳び込んでしまえば、労力も時間もいらずに越えることができるのである。これは私にとってはたいへんな勉強であった。

岩登りは上手でも、沢登りの知識はあまりなかった私は、腰以上深い場所に出会うと、状況をよく偵察することなく、高巻きをしていたのである。しかし、時間を短縮したいなら、時には泳いだ方がいいということを、初めて身をもって体験したのだった。

大滝はザイルを使って乗っ越す

F3の大滝は谷が直角に左に曲がる所にあって、左岸側はハングした岩壁がそびえ立ち、それが稜線近くまで続いているように見えた。

滝の落ち口は岩がせり出していて見えないが、滝壺は五〇メートルはありそうな大きなプールとなっている。そして、その流れ出しの所には九寸くらいのイワナが七〜

八尾群れていて、時々、ユラユラとエサを食べていた。

我々はそれを背後からアプローチすると、一尾ずつ交互に釣り上げた。水は目が痛くなるくらい澄んでいて、エサのキジが沈んで行くのがよく見える。すると、その中の一尾が群れから離れると、白い口をパクリと開けて食い付いて来る。それを見ながらアワせ、静かに群れから離して取り込むのである。

こうして、二人で四～五尾釣ったところで、いよいよ滝の乗っ越しにとりかかった。私の偵察では右岸側の壁を登り、リッジ（岩尾根）を越えた所から、滝の落ち口に懸垂下降で降りれば、あまり大きな巻きをしなくて済みそうである。

私たちは九ミリ×四〇メートルのザイルでアンザイレンすると、私がトップで岩に取り付いた。登り始めると以外に容易で、別にザイルを使うほどの所でもなかった。しかし、慣れないMT君を上からザイルで確保することは、彼には非常に安心感を与えるはずである。

私は四〇メートルいっぱいに登りきった所で、セルフビレイ（墜落のショックで確保者が墜ちないためにザイルで自らを確保すること）をとると、MT君を登らせた。

私の確保は肩がらみ法といって、ちょうど、お風呂で背中を流す時、手拭で背中をこすするような格好でザイルを握っていた。しかしこの時、私の背中には愛用の竹ザオが置かれていたのだが、私はそれをすっかり忘れてしまっていたのである。

ＭＴ君はゆっくり岩場を登って来る。それに合わせて私は少しずつザイルをたぐっていた。その時、不意に「ボキッ」という鈍い音がした。

私が背を後ろの岩陰に押しつけた拍子に、竹ザオがその重さで折れてしまったのである。今なら渓流ザオは小継ぎの振り出しザオだろうが、この頃は竹ザオが多く、この種の事故は非常に多かった。

梓川や楢俣川でサオを折って以来、十分に注意していたのだが、何としたことだろうか。この大事な時にサオを折ってしまったのである。

ＭＴ君は私の所まで登って来た。右側のリッジの先には、白い滝の落ち口が見えていた。しかし、これ以上進んでも私は釣りをすることはできないのだ。

私たちは狭いテラスの上で、短い協議をした後、そこから退却したのだった。

あの頃から十数年が過ぎた。渓流を遡行するための大切な技術のいくつかを教えてくれた西ノ俣沢には、その後、ついに一度も足を運ぶことはなかった。

私を二度に渡って退却させたあの大滝は、今も大きな滝壺を持ち、そこにイワナたちを群れさせているのだろうか。目をつぶると、あの時、群れの中から一尾ずつ釣ったイワナの姿が、まるで昨日のように鮮明に思い浮かんで来るのである。

朝日連峰・八久和川

五〇センチの
大イワナが乱舞する
長大な流れ

釣り人として初めての遡行を目指す

昭和四五年九月初旬、私とMT君は上野発二一時〇〇分の鳥海号《ちょうかい》の人となって、一路山形県鶴岡を目指していた。長い準備を経た末に、ようやく八久和川《やくわ》へのアタックが開始されようとしていたのである。

ここに至るまで、私たちの前に立ちはだかっていたいくつかの技術的な困難は、大鳥の西ノ俣沢の経験から、そのほとんどを解決することができていた。

八久和川のように流程の長い川では、途中にベースキャンプを設け、サブザックだけでその上流を探る、といった方法はとれない。全装備を背負ったまま源流まで遡行しなければ、この川を詰めることは不可能なのだ。

このため、荷物は極力軽量化する必要があった。この後、私が〝ゲリラ的キャンプ釣行法《ちょうこうほう》〟と呼んだ、全装備を背負ってどんどん上流へ釣り遡って行く方法は実は、この八久和川の釣行から生まれたものであった。

それが可能だったのは、以前、私が盛んにやっていたロッククライミングの時の技術と、梓川や楢俣川で出会った職漁師たちの〝おかん（ビバーク）〟の技術をドッキングさせたからである。

岩登りでも、例えば谷川岳の衝立岩《ついたていわ》正面岩壁や、屏風岩のような長いルートだと、

荒沢へ
大網へ
八久和ダム
アンドン沢
974.1
高安沢
矢目沢
焼休山
1057.1
ムカゲ沢
丸森沢
ハキダシ沢
八久和川
丸森山
1025.5
カクネ沢
フタマツ沢
葛城沢
ビバーク
横沢
1187.8
長沢
ゴウサブ沢
芝倉沢
大桧原山
1386.2
栃ノ木沢
小国沢
アオ倉沢
葛城沢
ビバーク
小赤沢
茶畑沢
7m
茶畑山
1377.2
石滝
大岩沢
大赤沢
戸立沢
出合川
障子ヶ岳
1481.5
戸立山
1552.1
平七沢
岩屋沢
天狗角力取山
1397
広い河原
1241.5
ビバーク
明光山
天狗小屋
大鳥池
オツボ沢
ウシ沢
巻きはウシ沢を
少し登ってから
本流に降りる
オツボ峰
小マス滝
二ツ石山
1259.4
二段の滝の中間に
巻き道がある
呂滝
右岸のスラブを登る
以東岳
1771.4
魚止2m
15m魚止
西俣沢
3m
東俣沢
ナメ滝魚止
中俣沢

途中で一泊のビバークが必要（最近は必要ないらしいが）であった。こういう場合、超小型のコンロとわずかな食糧、ツエルトだけを持ち、岩壁の途中でハーケンに体を固定すると、着の身着のままで一夜を明かしたものである。

また、山で出会った漁師たちも、非常にわずかな装備だけで、たくみに自然物を利用して山で寝泊まりをしていた。無駄な物は一切なく、それだけに身軽になって山を駆け回る姿には、便利ではあるが重くて押しつぶされそうになる近代登山用具にとらわれない、自由な姿があるように思えたのである。

八久和川を遡行するために、私は近代登山の技術と、日本の伝統的な漁師・山師たちの生活技術とをミックスして、私なりの遡行のスタイルを作り出していったのである。

私のいわゆる〝ゲリラ的キャンプ釣行法〟の詳細については、別な所（拙著『大イワナの世界』山と溪谷社）で語っているのでここでは述べないが、この時の私たちの装備の重量は、一週間という長期間にもかかわらず、一人一五キロそこそこの軽さにすることができた。

ところが、これらの装備の中で、一つだけ特筆すべき物があった。それはグラス製の振出ザオである。

西ノ俣で折ったのをはじめとして、いつも竹ザオの使いづらさにイライラしていた私は、八久和の遡行のために初めてグラス製の振出しの渓流ザオを買ったのである。それは今のアユザオのように、仕舞寸法が一メートル二〇センチもある切りの長い代物で、小継ぎザオとは比べようもない邪魔っけなものであった。だが、当時の水準では最高級のもので、高巻きのたびに面倒な仕舞操作をしなければならない竹ザオに比べれば、夢のように素晴らしいものだった。

当時の古い記録によれば、鶴岡駅へ着いたのは、朝六時と書いてある。ここで私たちは、あらかじめ頼んでおいたタクシーに乗り込んで、落合から八久和林道を経て、八久和ダムのバックウォーターに達した。

車は夏草の生い茂る廃道のような所を進んで行ったが、やがて朽ち果てた橋の前まで来ると停車した。小沢に架かる橋は完全に落ちていて、そこから先はもう我々の足の力に頼るしか進む手段はないようであった。木々の間には八久和の雄大な流れが望見できたが、それは大鳥川とは比較にならないスケールの大きさで、これから一週間、膨大な水量と戦わねばならないかと思うと、いやが上にも気持ちが引き締まってくるのだった。

我々はアタックザックを背負うと、左岸沿いに続いている細い山道を、ハキダシ沢に向かって進み始めた。道は時々踏み跡が消え、そのつどひどいヤブコギとなったが、それも部分的で、ハキダシ沢までは比較的容易な山歩きで到達することができた。

我々の仕入れた情報では、トレースはハキダシ沢までで、それ以遠は川通しになると聞いていたのだが、ハキダシ沢の上部に、さらに上流へ伝わる杣道《そまみち》を発見したのだった。だが、それもフタマツ沢までで、それを過ぎると、完全に道を見失ってしまった。

そして、それからがたいへんだった。台地状の所をヤブコギで進むが、歩行のペースは急激に落ち、わずか一〇〇メートル進むのに三〇分を要するほどになってしまった。たまりかねて、八久和の河原に降りようとしたが、今度は最後の部分が崖になっていて、なかなか降りることができないのである。

最初の徒渉から激しい水圧に見舞われる

午後二時三〇分、ようやく崖の傾斜が緩い所を見つけた我々は、ついに八久和の広い河原に降り立った。約五キロメートルの距離を、じつに半日もかけて進んで来たのだった。

私たちがたまたま降りた所は、水深五メートル、長さ五〇メートルはあろうかという大淵で、ハヤが無数に泳いでいる。ここはまだ下流すぎるのだろうか。眼をこらして水の中を見たが、イワナらしき魚は全然見えない。

だが、谷の難しさの方はすでに始まっていた。すぐに対岸への徒渉だったが、ヒザ下くらいの深さに見える浅場でも腰近くあり、水量と水圧のすごさで、下流に押し流されそうである。

八久和川の遡行を困難にしているのは、流程の長さもそうだが、この豊かな水量である。我々は年間を通じて最も水の少ない九月の渇水期を選んで来てこれだから、ひとたび増水した時には、徒渉などとてもできそうもないだろう。

その上、荷物を軽くしたとはいえ、一五キロのザックは肩に食い込み、その重荷のためにバランスがうまくとれない。徒渉のたびにひどく荷がこたえ、我々の前途をえらく暗いものにしていた。

名にし負う険谷・八久和川はまだ始まったばかりであり、この先、凄まじい所が待っているはずである。それを、こんな重い荷物で越えることができるのだろうか。私は次第に不安になっていった。

我々は安全に遡行するためにも、さらに荷物の量を減らす必要があった。不要なものは捨て、身軽にならなければ、上流のゴルジュ帯を抜けることは難しかったからである。

そこで狙われたのが、わが相棒の持つ一リットル近いウイスキーであった。下戸の私には全く無用の長物に見えるこれは、不必要に荷を重くするガンに思えたからである。相棒は私の提案に、危険が生じた時は、第一にウイスキーを捨てるということに、しぶしぶ同意した。

そして、幸いなことに（彼にとっては不幸だが）その大部分は、数時間後に八久和の急流の中に消えて行ったのだった。

大ゴルジュ帯の中に突入

横沢には思ったより早く着いた。ここで川は大きく左にカーブし、カクネ沢まで険しい廊下帯となっている。かつて、八久和の遡行を目指した人たちは、ほとんどがこの部分を突破できずに、敗退していた。我々が入手した初遡行の記録によれば、彼等はこの部分をエスケープして、丸森沢から一気に丸森山山頂を越えて、カクネ沢へと大高巻きをしている。

だから、このゴルジュ帯は、「ものすごく険しい」と言われただけで、どんな所なのか、知る由もなかった。ただ、それだからといって、私は逃げるのもいやだった。険しいといっても、人間が通過できないような所などない、どこかに弱点があるはずだ、と私は信じていたからだ。

この先がどんな風になっているのか、見当もつかなかったが、とにかく私たちはそこに向かって突き進んで行くしかなかったのである。

横沢を軽くまたぐと、いきなり左岸の高巻きとなった。淵にはいよいよ大きなイワナが見え始めたが、サオを出すことはできない。やっとのことで高巻きが終わったと思ったら、すぐに深くて危険な徒渉が待っていた。そして、そのすぐ先でまた高巻きだ。ほとんど川通しには進めないのである。

午後四時四〇分。屹立するゴルジュと日没で前進を阻止され、ビバーク。だが、周囲は切り立っていてツエルトを張るような河原もない。狭い岩棚の上にハーケンを打ち込み、それでツエルトを固定するという、まるで岩壁の途中でビバークするような格好しかできないのである。

そして、MT君が夕食を作っている間、私はサオを持って、待望の釣りを始めた。夕べの晩餐を飾るべく、目の前の淵にイトをたらした。すると、待っていたかのように強いアタリで釣れたのは、何と二〇センチそこそこの豆イワナである。

後ろで見ていた相棒は、ニヤニヤ笑っている。大イワナの宝庫・八久和にしてはあまりに小さかったが、記念すべき第一号なのでこれはキープさせてもらった。ところが、それが大正解で、その後は一向にアタリがないのである。

超大物がいそうな淵の深い所を狙うが、ピクリともしない。高巻きの途中で見えた巨大なイワナもどこかへ行ってしまったのだろうか。三〇分ほどねばったが、とうとう最初の一尾だけでおしまいであった。

バロックのガランを彷彿させるような大岩壁。空は垂直に延びる岩の上に一筋の狭い帯のようにしか見えない。この人跡まれな谷底で、小さいイワナを焼く焚火の煙が、夕闇迫る暗いゴルジュの中にゆっくりとたなびいていった。

悠然と泳ぐ四五センチの大イワナ

狭い岩棚の上で、着の身着のまま過ごした八久和の第一夜は、最悪といってよかった。岩がゴツゴツしていて、横になって寝ることもできず、しかも、夜半に降った雨でツエルトの中はビショビショに濡れてしまった。

こうした狭いゴルジュの中では、鉄砲水が一番心配である。ツエルトは水面から三メートルは高い所に張ったけれど、このくらいの高さなど、強い雨が降ればあっという間に水に没してしまうだろう。私たちは懐中電灯の弱々しい光で、たえず水量を監視する必要があり、ロクに眠るヒマもなかったのである。

だが、幸いにも朝になって雨はやみ、谷の水も眼に見えるほど増えてはいなかった。私たちは暗いうちから仕度を始め、午前五時一〇分には、再び遡行を開始した。

昨日、前進をはばまれた右岸のハングした壁の乗っ越しからとりかからねばならなかった。だが、二日目に入ってすっかり谷に順応した我々の体は、極めて快調で、難しい岩場も簡単に登れる。私が空身で登った後、ザイルで荷上げしてここを楽勝なペースで乗っ越した。

一つ悪場を越すと、その先は楽でありますように、と秘かに心に思うのだが、八久和ではそうした淡い期待を持つことはタブーのようだ。難しい壁のヘヅリを終えると、その先に、また同じような廊下が続いている。

それに、悪いことに再び雨が降り出して来た。最初は糸のような細い雨だったが、三〇分もしないうちに土砂降りとなってしまったのだ。我々はちょうど高い廊下の巻きの途中にいて、ハングした岩の下に雨宿りをして、これをやり過ごすしか手がなかった。

ところが、雨が小降りになっていくうちに、足元の淵に四五センチくらいの大イワナが泳いでいるのを見つけたのである。雨宿りをしている岩棚から水面まで四メートルくらいの高さなので、、毛バリで狙えそうな感じである。

考えてみれば、昨日までただ川を歩くだけで、ロクにサオも出していない。このままなら、釣りに来たのか、川を歩きに来ただけなのか、わからないで終わってしまいそうである。それが大イワナを見つけてしまったのだ。

釣り師としての自覚に目覚めた私は、サオを継ぐと大鳥池で地元のプロからもらった巨大なテンカラバリを、大イワナの前に何度も打ち込んだ。しかし、イワナの方は最初わずかに反応を示しただけで、二〜三投目には「うるさいなァ」という感じで深みに沈んで行ってしまった。

恐らくこのゴルジュ帯には、これくらいのイワナは相当いるのだろうが、私たちがサオを出せたのは、この狭い岩棚の上からのこの一投だけだった。私は沈んで行った大イワナを狙いに岩場を降りて行きたかったが、高巻きとヘヅリの連続ではサオを出している余裕など、まるでなかった。

それどころか、本降りになる前にこの危険な廊下帯を抜けないとたいへんなことになるので、小降りになったところでサオを仕舞うと、再び苦しい遡行を開始したのだった。

緊張の極で抜け出したカクネ平

八久和川を五万図で見ると、全川険しい岩記号で囲まれているが、実際にはカクネ沢から芝倉沢までの間は、開けた河原になっていて、のんびりとした遡行をすることができる。ここはカクネ平《だいら》とも呼ばれ、昔は山菜採りの小屋もあったらしい。

横沢から続く険しいゴルジュ帯を遡行して行くと、そこに到達した瞬間は、極めて感動的である。今まで、昼なお暗い岩ばかりの所から、いきなり広々とした河原に跳び出すからだ。

強い緊張感から開放されて、河原の上で大の字になって大休止をする。もう、ここ
では足を滑らせても流される心配もなければ、鉄砲水の恐怖もない。

幸いなことに雨も上がって来たので、私たちはカクネ沢出合から、本格的に釣りを
始めた。川は浅い瀬が中心で、イワナの川というよりは、ヤマメの川のようだが、イ
ワナは濃く、ちょっと深い所を攻めると、グッグッとサオ先を水面に引きこむような
強いアタリが来た。軽くサオを立てると、尺一寸くらいのイワナが瀬を上流下流に勢
い良く走り回る。それを太いイトにモノをいわせてゴボウ抜きにするのだ。

尺一寸のイワナのゴボウ抜きというが、口で言うよりははるかに難しい。魚体が重
すぎて、両手でサオを持っても簡単には抜き上げられないのである。

私とMT君は大騒ぎをしながら、大物を引き抜いていった。そして、驚いたことに
は、魚が散々暴れ回った所へもう一度エサを投げ込むと、別のイワナが何の疑念も持
たず、また食い付いて来るのだった。

それは一言で言えば、桃源郷という言葉がぴったりの場所だった。生まれてこのか
た、人間の姿など見たこともない大イワナたちが群れていて、信じられないくらい

次々と釣れて来たのだった。私たちは長い間憧れていた大イワナの世界の、まっ只中についに突入したのである。

カクネ沢から芝倉沢までの、ほんの短い区間は、険しい八久和川には珍しく、おだやかな流れが続いていた。ここで私は新調した四・五メートルの振出ザオを継ぎ、一号ハリスの仕掛けに、キジのエサで釣り始めたのだった。

釣れた型は平均すれば九寸くらいが多く、尺物は四尾に一尾くらいの割合である。私たちは魚を持ち帰るつもりはなかったので、とりあえず尺以下は放流して行くが、それでもたちまちビクは一杯になってしまった。

ところで申し遅れたが、八久和釣行で私はビクの携帯性の悪さに悩んだ末に、思い切ってこれを持ち込むのをやめ、酒屋が持つ麻の袋（今はほとんど見ないが、昔は大工の道具入れなどにも使われていた三〇×六〇センチくらいの丈夫な麻袋）にしていた。これだと尺物でも相当入るのだが、それがすぐに一杯になってしまったのである。

今の時代なら「乱獲だ」と、おしかりを受けるかもしれないが、最終的には尺物だけで一五尾は釣っていたろう。

こうして私たちは、ほとんど〝入れ食い状態〟のまま進んだ。だが、期待していた五〇センチ級の大イワナは釣れず、四〇センチをわずかに切る三九・五センチという型が釣れただけであった。

このイワナは流れの緩い大きな淵の流れ出しの所に、まるで昼寝をしているかのように横たわっていた。そいつの前にキジを入れると、最初は右に左によけていたのが、数回流した所で、面倒臭そうにパクリと食い付いて来る。

「うっとうしい奴らだ。そんじゃ、食ってやらァ」というような具合に、自分から自殺志願して来たような食いっぷりであった。だから、パクッとやったとたんアワせると、奴は白い腹を見せて、少し反転したが、型の割には意外におとなしく上がって来たのである。

ついに五〇センチが姿を現わした

長沢を過ぎ、一〇時三〇分、芝倉沢出合に到達した。芝倉沢に近づくにつれて、八久和の谷は再び狭まって、左岸側から大きな壁が迫って来た。これから先はまたヤバイ所が待ち構えていそうである。

時間的には少々早いけれど、我々はここで大休止をし、早目の昼食にすることにした。というのも、釣ったイワナが重すぎて、このままでは悪場の乗っ越しの時、バランスがうまくとれない。早いとこ処理する必要があったからだ。

私は尺三寸を含め、一度に三尾の大物を刺身にし、残った中から八尾を塩焼きにした。二人で食べるには、途方もない量だが、とにかく食ってしまわねば重くて仕方がないのである。

私たちはゲップが出るまでイワナを食べた。おかげで荷は軽くなったが、腹はパンパンにふくらみ、しばらくは動けない有様であった。その上、MT君はさらに「荷を軽くする」と称して、持参のウイスキーを、ザックから胃袋の方へ移し換えさえしていた。

一二時三五分、芝倉沢をタヌキみたいになった二人は出発した。少し水温の高い芝倉沢を越えると、いよいよゴルジュ帯が現われて来る。最初は難なく越すが、しばらく進むと、もう川通しには行かれない。長いトロを巻こうと、私たちはヤブを登って行った。すると、突然、「アッ」とMT君が叫んだ。

見ると、そのトロの中央部に確実に五〇センチはある大イワナが二本、それこそ悠然という言葉がピッタリする姿で泳いでいるではないか。さっき私が釣った四〇センチ弱など、まるで子供のように見える。

私たちは高い岩場の上から、その大イワナが、ヒレを少しずつ動かしながら、流れにじっと止まるように泳ぐ様子を、息を殺して見詰めていた。その光景を眺めている間、私たちは何か自然の持つ強い力に圧倒されているかのようだった。

高い岩の上にいたというせいもあるが、この魚を釣り上げようという気持ちなど、少しも起こらない。いや、それどころか、こうした魚は釣ってはいけないのだ、という思いにさえ捉われていた。

淵の中を泳ぐ大イワナたちを見ている我々には、もう、魚を釣り上げることなどどうでもよかった。イワナ釣りを覚えて八年、いつもたくさん釣ることに夢中になっていた私は、この時から本当の意味で釣果にこだわる自分を超越したような気がした。

八久和の淵は大きくて深い。そこには尺以上の奴が十数尾、必ずと言っていいくらい遊泳していた。小型は少しも見られないし、魚は全く人間に対する警戒心を持たないようだった。我々が徒渉する時でさえ、悠然と泳いでいて逃げようとしない。そっと手を伸ばせばつかまえられるほどである。

生まれてこのかた、一度も人間の姿を見たことのない大イワナたちと、それに出会う我々の驚き。私たちは眼下に展開される大イワナの世界に、声もなく立ちすくんでいるのだった。

芝倉沢を過ぎてから、もう河原らしい所はどこにもなくなってしまった。我々は徒渉を繰り返して、左岸から二本の沢が落ち込む所までやって来た。多分、栃ノ木沢だろうが、その先は、本流に太い流木が流れを遮って、二メートルほどの落ち込みになっている。左岸の栃ノ木沢を少し登って高巻くが、そこからなかなか河原に降りられない。

二〇メートルくらいある壁を懸垂で降りようとザイルを出すが、適当な支点もないためにアンザイレンして、MT君が降りるのを、上から確保してやる。そして、彼が無事に降り立ったところで、私がフリーでクライミングダウンした。

八久和川程度の川でザイルが必要なのかどうか、今なら「多分、不要」と判断できるだろうが、情報の全くない当時としてはザイルを持っているということが、我々には非常な安心感を与えてくれていた。これによって、我々は一つの難関を楽に突破したのだった。

巻きを終えて川底に降り立ったものの、周囲は長い廊下帯で、そのまま川越しに進むのはやっかいそうである。ただ、八久和の淵は、流れが非常に緩い所が多いので、淵尻では首まで浸かって徒渉することができた。このため、谷が悪い割には、安全に遡行できるのである。

私たちはそうした徒渉やヘヅリを続けながら、再びサオを出した。途中でたくさん見えた大イワナの群れに我慢できなくなってしまったからだ。

八久和のイワナ釣りは、他の川と違う。狙う魚が丸見えなのだ。だから、大きそうな奴が泳いでいる所を見つけたら、そいつの前にエサを落としてやればいい。ポイントもへったくれもない。たくさんかたまっている所で、いちばんデカイ奴のいる所へエサを投げればいいのである。私たちはそうして、大きいイワナのいる所だけを釣って行ったのだが、しばらくして、ついに途方もない大物が泳いでいるのに出会ったのである。

ほとんど流れのない淵尻の浅場に、五〇センチはある奴がのんびりと昼寝をしていた。私はそれを見つけると、足を忍ばせて近づき、彼の前にエサを投入する。四〜五匹房掛けしたキジが、ユラユラと沈んで行くのを、息を殺して見ていると、底に着く直前にその大イワナがいきなり反転してエサに跳びかかった。

サオに激しい衝撃が伝わると同時に、魚は奥へ向かって一直線に跳び出して行った。だが、私の仕掛けは超大物に備えて、ハリスは一・五号というバカ太いものにしてある。少々の魚では切れる恐れはないのだ。

のされかかったサオを立てると、イトに引かれるようにして、今度はイワナがこっちの方へ走って来た。大イワナはそうして四〜五回、水の中を暴れ回った末に、私のタマアミの中に収まったのだった。「デカイ!!」私は魚の大きさに感嘆の声をあげた。のたうちまわる大イワナに一撃をくらわせてから、メジャーを当てると、四五センチあった。最初見た時は五〇センチはありそうだったが、意外に小さい。とはいっても四五センチといえば相当な大物である。

私は興奮のあまり、息をゼイゼイいわせ、ブルブルと震える手で大イワナを握ろうとした。けれども、虚脱状態になっている私の手から、そいつはツルツルと滑り落ちて、どうしても握ることができなかった。

興奮は極限に達したのであろう。その上、魚もあまりに大きすぎて、うまく握れなかったのである。

未知なる八久和の核心部が次々と展開

小国沢出合に達したのは午後三時だった。もう、我々は八久和川の中間点を越えた所におり、もはや引き返すことは不可能である。この長い廊下帯から脱出するためには、上に登って行くしか手がないのだ。

我々よりも一〇年も前に何の情報もなしに、この先をさらに越えて行ったパイオニアたちの卓越した技術と冒険心に思いを馳せながら、私たちは再び降り始めた雨の中をなお前進する。

小国沢を過ぎると、さしもの大水量を誇った八久和の流れもやや細くなり、淵などもあまり大きいものは見られなくなって来た。もうこの頃には体が完璧に川に順応していた我々は、そこを右に左に軽々と乗っ越して行けた。

四時三〇分、長いゴルジュを終えて右岸から左岸へ徒渉し、大岩の間を攀じた岩壁の下にテラス状の岩小屋を発見した。ゴロゴロした岩は少々痛いが、オーバーハングした庇は雨を防いでくれる。増水の心配もない快適なねぐらで、我々は八久和の第二日目を過ごしたのだった。

翌朝、心配していた鉄砲水もなく、雨もやんでいた。我々は日の出とともに起きると、手早く食事を済ませ、午前六時三〇分にはビバークプラッツを出発した。今日の予定は、天狗小屋より来る登山道まで達しなければならないのだ。距離的には大したことはないが、途中にどのような難所が控えているのか、情報もなく全くわからないので、できるだけ早く遡行しなければならないのである。

ビバーク地点から戸立沢までの間は、ほとんど人が入ったことのない所なので、釣りとしては最高の場所である。しかし、先を急ぐ我々は、この区間、全くサオを出さずに、ただ遡行に専念しただけだった。

巨大なイワナが足元から泳ぎ去るのをうらめし気に見ながら、ひたすら戸立沢を目指した我々は、五〇分ほどでそこに着くことができた。

この沢の出合は七メートルくらいの滝になっていて、立派な滝壺があった。我々はここで今日、初めてサオを握る。MT君はエサ、私はテンカラでこの壺を攻めると、尺一寸くらいのイワナが二本釣れた。

戸立沢を過ぎれば、もう八久和の難所の大半は越えたことになる。宝の山にいながら、それに〝おあずけ〟をくらわされた我々は、ここから嬉々としてサオを振り始めた。

私はテンカラザオを振りながら進むが、ほとんど入れ食い状態の連続である。だが、それも長くは続かない。すぐに、また面倒な高巻きが始まってしまったのである。

一〇時二〇分、大岩沢出合に着く。この付近はもう八久和川とは言わず、出合《でや》川と呼ばれ、かすかではあるが、上流から降りて来た釣り人の跡が見られた。

午後一時四〇分、開けた河原の左岸に小沢が流れ込んで来る。平七沢である。ここまで来ると人間の痕跡が至る所にある。水量も少なくなり、川はサラサラした平川になってしまう。

そのうえ魚影も薄く、私の毛バリに出るイワナは数、型ともに低下していった。昭和四五年のこの時期に、すでにこうした源流地帯にも場荒れの傾向は現われていたのである。

四時、川の中に缶ビールが流れて来るのを見つける。そして、そこから少し行った太いワイヤーが切断された場所に、天狗より来る登山道があった。そこが、八久和川中流核心部の終点である。ついに我々は最も困難な部分の突破に成功したのだ。

岩屋沢から上の出合川は、当時、学釣連の渓流グループにかなり注目されていて、たくさんの大学の釣り部が入っていた。

岩屋沢出合に泊まった私たちは、翌朝、出合川魚止を目指して出発したが、学生釣り師の跡が至る所にあり、魚はよく釣られていそうだった。高巻きの個所には、はっきりした踏み跡さえある。

こうした所では、釣果は期待できそうもないので、我々はこの部分を飛ぶような早さで遡行し、小マス滝を過ぎて、しばらく行った所からようやく釣り始めた。

だが、魚は思った通り小型ばかりで、ビクに入れるような型は、なかなか釣れない。二人で交互に釣り遡って一時間もしたろうか、急に大きな淵に出合った。

話に聞いていた八久和一大きい淵と言われる呂滝《ろ》の淵である。この淵はクリスマスの鐘に似た形をしていて、直径が五〇メートルはある大きなものである。底は非常に深くて、どのくらいあるのかわからないが、驚いたことには、その淵にはそれこそ数百尾はいると思えるほどのイワナが群れていた。

無数のイワナの群れは、一昨日、高巻きの途中で見た大イワナと同様、私たちに強い衝撃を与えた。それはまさしくイワナのパラダイスであり、私が〝イワナの世界〟と呼んだ所そのものだったからだ。その後、私はいくつもの川へ行っているが、後にも先にもこんなにたくさんのイワナが群れているのを見たのは、この時だけである。

ところで当時の釣り人の間では、出合川の魚止はこの呂滝と信じられていた。しかし、私たちはちなみにこの大淵を巻いて上流へ行ってみたのである。

右岸のスラブを直登し、草付きをトラバースして上流に降り立つと、もう人の痕跡はまるでない。こんな上流まで来る人はいないのだろう。我々はまたしても処女地に彷い込んだのだった。

そして、そこに再びイワナの姿を発見したのだ。呂滝は魚止ではなく、その上にも魚はいたのである。呂滝を越えて三〇分、再び小さな滝が出合う。その滝壺はさながらニジマスの釣り堀のようであった。尺級のイワナが入れ食いなのだ。

だが、その滝を越えると、魚影は極端に薄くなった。この滝から上は雪渓で埋まっている期間が長く、魚の棲息に適さないのだろう。魚はいることはいるが、数が非常に少なくなって来たのである。

私たちはそこからさらに一・五キロほど進み、川幅が二メートルくらいの小さなゴルジュとなった所で遡行をやめた。沢の様子から見て、もう魚止滝は数百メートル以内と思われたが、魚影は極度に薄いし、時間切れで引き返さざるを得なかったのである。

だが、魚止を確認しないまま引き返したこのことが、後になって私に大変な後悔を与えたのである。時間がなかったとはいえ、なぜもう少し先に行かなかったのだろうか。

その思いに駆られて、五年後の昭和五〇年に私は出合川の源流に再度アタックしたのである。そして、その結果、何と私たちは魚止滝からわずか一〇〇メートル手前で引き返していたことを知ったのであった。

南アルプス・寸又川逆河内

日本最高の大アマゴ釣り場

わが国に残された最後の大アマゴの宝庫

釣りを始めて何年かすると、誰もが自分の釣り場というものを持つ。ホームグラウンドとも言うべきなじみの場所は、釣り人の場合、ほとんどが穴場であり、かつていい釣りができた所である。

私にもそうした場所がいくつかあるが、その中でも一番の所と言えば、大井川の大支流・寸又《すまた》川水系を挙げなければならないだろう。

寸又川へ最初に行ったのは、昭和四三年だが、それ以来私は憑《つ》かれたようにこの川に通いつめ、今までで通算すれば五〇回、いや一〇〇回近く出掛けている。

何故それほどまで寸又川へ行ったかと言えば、それはここが日本屈指の大アマゴの宝庫だったからだ。

だが、「だった」と過去形で書いたことからもわかると思うが、今や、寸又川は完全に過去の川になってしまっている。五七年と五八年に襲った台風によって、破滅的なダメージを受けてしまったからだ。

昭和五八年の九月初め、私は二人の仲間と栃沢の出合に声もなく立ちつくしていた。出合に架かっていた吊橋が、跡形もなく流されていることは、途中の荒れ方からある程度は予測していた。しかし、川がほとんど原形をとどめないくらいに埋まっていて、

リンチョウ沢
ダルマ沢
2418
鶏冠山
2204
千頭山
1945.9
信濃俣
2331.7
椹沢
紫沢
中ノ尾根山
2296.4
釜ノ島
寸又川
大根沢山
2239.2
大滝40m
合地山
2104.3
大高巻きルート
栃沢
栃沢小屋
魚止6m
合地沢
瀑流帯、左岩のとりつき悪い
大根沢
カキトリ沢
10m
2mアマゴ止め
大クビレ
倒木
蓬沢
魚止
逆河内
諸沢山
1749.8
小根沢
猟師小屋
F2
石小屋
道不明瞭
アマゴ止め
焼小屋
明河内
F1
1883.1
猟師小屋
入渓点
営林小屋
六呂場峠
吊橋
白沢
1747.4
六呂場山
不動岳
2171.3
1706.4
上西河内
丸盆岳
2066
下西河内
朝日岳
1826.6
黒法師岳
2067.4
湯山発電所
大間ダム
1943.2
前黒法師岳
飛竜橋
大ゲート
間川
寸又峡温泉
千頭へ

魚も棲めないほど荒れているとは夢にも思わなかったのである。

かつて私はこの沢の出合から上流を攻め、三〇センチ以上の天然アマゴを何十と釣ったものである。昭和四〇年代は別格として、五〇年代に入ると、魚の数はそれほど多くはなかった。けれども型の良さは素晴らしく、尺以上のアマゴが日に何本も釣れたものである。

だが、大アマゴたちが棲んでいた谷は、膨大な土砂の下に埋まって、石一つない砂だけの河原になり、それがどこまでも続いていた。何個所かあった通ラズも大淵も、すべてが細かな土砂の下に埋まり、そこを変わり果てた寸又川の流れが、死んだように流れているだけだった。

私たちは仕掛けを継ぎ、エサを付けたまま、一度も川の方へ投餌《とうじ》することなく上流へ歩き続けるしかなかった。激しく蛇行したカーブを曲がるたびに「今度こそポイントがある」と思うのだが、川の流れは変わらず、どこまでも死の川が続いていて、エサを入れるような所が全然ないのだ。

一体、何故ここまでひどい荒廃が生じたのか。その原因の多くは寸又川左岸に造られた〝寸又川スーパー林道〟建設と、無秩序な伐採によることは明らかである。この地帯は恐らく日本でも最悪の自然破壊が平然と行われている所で、台風のもたらした洪水が、強烈なシッペ返しをしたのであろう。

それにしても、何故こんなひどい道を造ったのだろうか。まだこの道がなかった頃の寸又川は、遠かったけれど、それは素晴らしい川であったのに……。

逆河内という奇妙な名前の谷

私が最初に訪れた昭和四三年頃は、まだ寸又川本流沿いに軌道敷があり、勿論、スーパー林道などなかった。しかし、軌道沿いの本流は比較的釣られていて、それよりも未開な支流の逆河内《さかさごうち》の方に私は強い関心を持っていた。

金嬉老事件によって一躍有名となった寸又峡温泉付近を遊び半分で釣っていた時、地元の人に「寸又川の奥の逆河内へ行けば、いけえ（大きい）アマゴがいる」と聞き、この川の奥には素晴らしい釣り場が、隠されていることを知ったのである。

だが、そこへの道のりは大変な遠さであった。寸又峡温泉から先は車の通行が禁止されていて、森林軌道の跡を歩いて行くしか手がないのだが、このアプローチが、凄まじく長いのである。

道はトロッコが走っていただけに平坦だが、えらく曲がっていて、ちょっと進むにも大きく迂回しなければならない。

それにトンネルがたくさんあって、非常に歩きづらく、逆河内出合まで五時間以上単調な道を歩かなければならないのである。

話を聞いて以来、私は逆河内というこの奇妙な名前の谷に、ひどく興味を感じてはいた。

しかし、当時はまだ八久和《やくわ》や大鳥川への情熱の大半を傾けていたので、興味は持ったといっても、それは片手間くらいの軽い気持ちであった。ところが、そのおかげで、我々は途方もない目に遭ってしまったのである。


東海道線の最終列車は二三時五五分に東京駅を出る大垣行きの鈍行である。これに乗ると、静岡県の金谷には午前三時頃に着く。さらにここから大井川鉄道に乗り換えて奥泉を経て、寸又峡温泉へは確か八時頃着いたと記憶している。

メンバーは同じ大学の釣り研究会にいたK君とH君の三人である。三人とも、まだファイト満々、体力モリモリのガンバリ人間だったので、勇んで寸又峡温泉を出発して行った。

しかし、元気だったのは出発の直後だけであった。例のトロッコ道の曲がり具合はひどいもので、ほんの目の前に見える対岸へ行くにも大迂回をしなければならず、これが蜿蜒《えんえん》と続くのに参ってしまったのである。体力的というより、精神的に歩くのが馬鹿臭くなってしまったのだ。

私たちの歩行は次第に遅れ気味となり、逆河内出合に着いたのは五時間後、入渓点まではさらに一時間半歩かねばならなかった。ほとんどヘトヘトになって我々は入渓点である白沢出合に着いた。ここは営林署の伐採小屋があり、そこで一泊することもできたが、今日の目標は逆河内の中流にある石小屋までと決めていたので、さらに我々は先へ進む。

非常に高い所に架かる吊橋の所から、急なガレを降りると、ついに逆河内の岸辺に立った。現在の土砂に埋まった逆河内しか知らない人には信じられないかもしれないが、そこは家ほどもある大岩がゴロゴロした落差のある渓流であった。

水は大岩の間から滝のように落ちていて、上流へ行くにはそれらの岩を一つずつ攀じていかなければならない。川を遡行するというより、大岩のボルダリングを連続して行なっているような感じであった。

当然のことながら、その間はサオを出すことはできなかった。我々は大岩の間をくぐり抜けて、ひたすら石小屋に向かって歩き続けたのだった。

だが、歩行のペースはさらに落ち、ついに今日最後の陽の光も消えてしまった。石小屋に辿り着くことなく我々は、途中にあった台地状の所にビバークをせざるを得なかった。ツエルトを張る間、H君に夕食用のアマゴを釣りに行かせる。

もう周りはまっ暗に近かったが、H君も手さぐりで毛バリを打ち込み、三尾の見事なアマゴを釣って来た。二五センチから二八センチくらいまでの、よく太ったきれいなアマゴだった。

「明日はこれより大きな魚が釣れるのだろうか」

私は豪勢な焚火を見ながら、ぼんやりと明日以降の厳しい遡行と釣りのことを考えていた。

石小屋は逆河内の中流にあるちょっとした河原で、ここには大きな岩の下に五〜六人は泊まれる岩小屋がある。これが石小屋の由来だが、普通、ここに至るには寸又川本流沿いの道から分かれて、三つめのトンネルの所より諸沢山《もろこざわ》へ至る尾根を急登して、山越えで入っていた。

しかし、この道は一度歩いたら「もう二度と歩きたくない」と思うほどの急坂で、しかも行程も長かった。前回、このルートをマジに歩いたところ、、体はバテバテになるし、ヒルには襲われるで、たいへんな目に遭っている。

だから、今回は何としてでもこの山越えルートを使わずに、川通しで行こうと思っていたのである。だが、川通しの方も一筋縄ではいかなかった。私たちは翌朝、ビバーク地点から石小屋まで、さらに一時間以上歩かなければならなかったのである。石小屋の付近には古い朽ち果てた吊橋が架かっていた。昔、伐採用に使っていたもので、そこから古い踏み跡を辿れば、四〇分で焼小屋と呼ばれる伐採小屋に行ける。昔から石小屋付近を釣る人は、山越えルートでこの焼小屋へ行き、そこをベースに釣っていた。彼等の目的とする釣り場は、この吊橋のある石小屋付近である。だが、私たちにとってはそれは単なる出発点でしかないのだ。さらに奥を目指す我々から見れば、石小屋でようやく逆河内の入り口に立ったという状況なのだ。

吊橋から上流は、しばらく平場が続いている。私たちは各人が一五キロぐらいの荷を背負いながら、ここからサオを出すことにした。重い荷を背負ったまま釣りをするのはしんどい。しかし、この方法なら源流まで釣りと遡行が同時にできるのだ。沢登りならただ川を歩くのもいいだろうが、我々は釣り師である。逆河内のトバ口とはいえ、魚影の濃い宝庫にいるのだから、これを釣らない手はない。我々はテンカラバリを振るK君を先頭にして、三人で交互に釣り遡って行った。

K君のテンカラは、逆河内へ来る直前に檜枝岐《ひのえまた》で初めて習ったばかりの、いわば完全ド素人であった。しかし、彼の打ち込んだ毛バリに逆河内のアマゴはすぐさま反応したのだった。

「ヒャーッ、出たあー」と言って、彼は跳び上がった。だが、アワセが悪くハリには掛からなかった。

「デカイ奴があそこの石の下からガバッと出たけど、だめだった」と興奮している。そこをH君がキジで流すと、目印がサッとフケた。とたんにアワセをくれると、魚は下流に走り出した。しかし、一号という太いハリスから逃げることは不可能だった。

強引に引き上げられたアマゴは、九寸はある幅の広い良いアマゴだった。恐らくK君がバラしたのと同じ魚であろう。人間の姿など見たことがないのか、その魚は何の疑いもなく簡単にH君のキジに食い付いて来たのだった。

幅広アマゴの入れ食いに狂喜する

石小屋から上流の魚影はなかなかのものであった。K君の毛バリには次々と魚が跳び付いて来た。そして、彼がアワセそこなった所を、私とH君が交互にエサで攻めると、必ず逃がした魚が釣れて来るのだ。

だが、型は思ったほどではなく、私が釣った二九センチが最高で、大半は二〇～二五センチくらいであった。昨夜、ビバーク地の近くで釣った魚に比べても、総体的に小振りだ。

そして、不思議なことに、大淵ではアタリが少なく、浅い瀬ばかりで釣れて来るのである。このため、初心者であるK君の毛バリに嘘みたいにライズして来るのであった。

石小屋から釣り遡って一時間も過ぎたろうか、両岸が狭まったゴルジュを腰まで浸って越えた先から、不意に数、型ともに良くなって来た。だが、この時、私たちは何か冷たいものが落ちていたことにようやく気付いたのだった。

狭い谷底から空をながめると、上空にはまっ黒い雲が、えらい速さで流れていた。朝のうちは快晴だったのが、ものの三時間もしないでもう辺りはいやな雲に被われていたのだった。

だが、私たちは「少しくらいの雨は釣りには好都合」とばかり、気にもとめないで上流へ釣り遡って行った。

雨は次第にひどくなって来たが、私たちはまだ釣りに熱中していた。なにしろ、釣れる魚の型が抜群に良くなって来たからだ。渓相は落差のある大岩の廊下帯となり、きわどいヘヅリも出て来た。やがて両岸が狭い廊下になった瀬尻の部分に、数本の流木が引っ掛かった所を過ぎると、不意にそれ以上遡行できなくなってしまった。

そこは長い淵で、淵尻を左岸から右岸へ徒渉できればなんとか通過できそうだが、流れが急で深いため、まずは徒渉は不可能だ。我々は高巻きルートを見つけようとウロウロするが、ザイルを持って来ていないのでどこも行けそうもない。その上、雨はもう土砂降りになっていた。

この通ラズに来るまで、私は自分たちが退却させられるなどということは、てんで考えていなかった。私は一か八か徒渉を決行しようと水の中に入った所で初めて現状を認識したのである。

水がすごい勢いで増えているのだ。先程までササ濁り程度だった水の色は、赤く濁り始め、水の中には大量の木の葉が混じり出していた。

躊躇《ちゅうちょ》している暇はなかった。先へ進むことは不可能だし、かといってここにいるのも危険だ。

すぐ退却するしかなかった。我々は仕掛けをたたむ時間をも惜しんで、それを切り捨てた。水はどんどん増えて来ていたが、幸いなことに濁りはそれほどでもなかった。

途中、腰まで浸かって通過した廊下の部分は、既に胸くらいの水深になっていた。

しかし、これを突破しなければ安全な所へ戻ることは難しいのだ。濁りも次第に強くなって、もう川底は見えなかったけれど、朝方の記憶を頼りに浅い所を泳ぐようにして夢中で下流へ進んだ。

鉄砲水の襲来

危機一髪であった。退却するのがもう一〇分遅れていたら、我々は廊下の中に閉じ込められていたろう。

雨はさながらバケツの水をひっくり返すような感じで降っている。体で濡れていない部分といえば耳の穴くらいのもので、体から荷物まで、至る所を水が流れていた。私たちは石小屋の朽ちた吊橋から諸沢山への急な道（といっても、それはほとんど道と呼べないひどいものだったが）を、何度も休みながら登り詰め、焼小屋へ逃げ込んだのだった。

トタン屋根でできた焼小屋の中に入った頃から、雨足とともに風も強まり、大粒の雨がトタンに当たる音は、我々の話し声をかき消すくらいの激しいものだった。

我々を襲ったこの嵐は、太平洋上で突然発生した台風が、時速一〇〇キロという猛烈な勢いで本州、それもまさに我々の真上を通過したためのものであった。予測できなかったこの不意の悪天候のために、各地の山では多くの遭難が起こっていた。

我々はそれからなお、二日間そこにとどまって水の引くのを待った。しかし、増水は一向に収まる気配がなく、ついに諦めて、長くつらい山越えルートの方を選んで、寸又峡温泉に引き返さざるを得なかったのである。

かくして私の逆河内攻略は、みじめな敗退で第二ラウンドを終えたのだった。だが、それはこれから始まる本当に長い戦いの、ほんの第一歩、緒戦であることに私自身もまだ気付いてはいなかった。

逆河内の中流まで行きながら、台風によって退却させられるという屈辱を受けた私は、この年、更に二度、寸又川へアタックした。けれども、二度とも天候には恵まれず、出合までも行くことができなかった。この時点でまだ逆河内は、私にとっては近寄り難いはるかな谷であり続けたのだった。

だが、八久和の遡行を機に私の釣行先《ちょうこうさき》は、一層険しく、一層未開の釣り場へと眼を向けるようになり、逆河内だけが目標であることはなかった。飯豊《いいで》山塊の谷や、北海道日高地方の川への興味が急速に高まって、逆河内への本格的なアタックの前に、遡行しなければならない谷がたくさんありすぎたのだった。

この年、私は北海道の日高山脈へと足を踏み入れて行くことになるのだが、この話は後で述べるとして、逆河内は翌年の五月に、東京渓流釣人クラブの関口幹夫君と行ったアタックで、ついに完結したのだった。

全行程九日間のロングトリップ

四月の下旬から五月の初旬にかけての連休の頃は、東北、北海道のイワナ釣り場は、まだ深い雪の下に埋もれている。だが、寸又川ではすでに雪代も収まりつつあり、梅雨までの短い安定期に入っていた。

私と関口君は、この短い安定期の間に難しい逆河内の遡行を一気にやってしまおうと、暗い峠道をひたすら寸又峡温泉目指して走り続けていた。

私たちは寸又峡温泉からのアプローチも含めて、全行程九日間という長い日程を組んでいる。五月の連休はそうした長期休暇がとれるまたとないチャンスであり、また、魚を釣るにも最もいいシーズンなのだ。

寸又峡には午前二時頃着いたと記憶している。観光客で賑わう温泉郷も、闇の中に死んだように静まり返り、電灯の下には無数の蛾が雪みたいに舞っていた。

私たちはゲートの手前に車を停めると、キャップライトの光を頼りに、すでに通い慣れつつあった森林軌道跡を、黙々と歩いて行った。

夜が明けたのは千頭ダムに着いた頃だった。遠くまだ完全に明けきらぬ空に、不動岳が幻のように立っている。あの山の向こう側に、我々が目指す逆河内の源流があるのだ。そここそ大アマゴが乱舞する桃源郷であるはずだった。

私たちの歩行のピッチは驚くほど早く、軽々とした足どりで寸又川本流を右岸側に渡ると、いよいよ逆河内に沿った道へと入って行った。

フォッサマグナのどまん中に作られたこの道は、まるで砂糖の中につけられたアリの道のようで、両側は至る所で崖崩れが生じていた。歩いている途中でも、ゴロゴロと石が落ちて来て、危険極まりない道のようであった。

岩という岩はすべて亀裂が入っていて、互いに不安定な形で乗っているだけなので、ちょっと手でもかけようものなら、斜面全体が崩れそうといった、いやな所である。通行禁止を無視して車で林道に入っても、こうした道路の状況では、道が崩れて山に閉じ込められるか、車を壊すのが関の山であろう。

だが、こんなモロい岩ばかりの山の中でも、生命の息吹は脈々と続いていた。朝の陽光をいっぱいに受けて、白い清楚な蝶がユラユラと私の前を横切って行く。珍蝶・クモマツマキチョウだ。

その方面の蒐集家からみれば喉から手が出るほどの蝶だが、この蝶こそ私と大井川を初めて結び付けたものである。

昭和三二年、まだ中学三年生だった私は山梨県の早川から転付峠を越えて、大井川上流の二軒小屋へ入り、そこでこの珍しい蝶の大群を見つけたのだった。幼い体に不釣合なキスリングを背負い、歯を食いしばって越えた転付峠の、長くつらい登り。峠から見た南アルプスの荒々しい峰々、そして、大井川源流で発見したクモマツマキチョウの乱舞。

幻の中の幻といわれていたクモマツマキチョウが、何十匹と群れるその地は、幼い私にはまさにこの世のパラダイスのように思えたのだった。夢中で捕虫網を振り回したあの時の強烈な印象は、今もなお私の脳裏に深く焼き付いている。

九時には早くも営林小屋に着くと、例の長い吊橋の横から逆河内の川面に降り立った。昨年の敗退した時に比べれば六時間以上早いことになる。

川は水量が若干少なく、遡行するには楽そうである。だが、この付近はすでに釣り荒れていたので、サオを出さずに石小屋まで歩くことにした。

途中、右岸の高巻きを越えた所で昨年の我々の野営の跡を見つけた。傾斜して岩がゴツゴツしたひどい場所である、あの時のあわてようが、そのまま歴然と現われているかのようであった。

石小屋は逆河内で唯一広い河原になった所で、壊れた吊橋のアーチが我々を迎えてくれる。昨年に比べてかなり人が入った形跡がある。だが、ここまで来るのも容易ではないが、この先にはもっと容易ならざる通ラズがある。これを越えた最源流の合地《がっち》沢まで釣り遡って行った釣り人が一体何人いるだろうか。

私と関口君は石小屋で短い小休止の後、再びザックを肩にして遡行を再開したが、人間の痕跡は上流に進むにつれて、次第に少なくなり、やがてあの通ラズを過ぎるや完全になくなったのである。


まず、ジャスト三〇センチの尺アマゴをランディング

石小屋から一時間ほど歩いた所から、我々はサオを出した。重いザックを背負ったままなので動作はどうしてもぎこちない。だが、ここは人跡もまれな逆河内の源流である。テクニックもへったくれもないのだ。

まず、関口君がバカを出した長い仕掛けをビュッと音をたてて振り込むと、すぐに七寸くらいのアマゴを釣り上げた。私も同じようにビュッとやると、たちまち釣れたが、ちょっと小さい。

我々の狙いは、こんなチンピラではない。今日のリミットは八寸と予め決めておいたので、二人とも最初の魚はリリースした。しかし、次のポイントでは、二人とも、ほぼ同時に九寸近いアマゴを手中にしたのだった。魚の濃さは驚くほどで、しかも型も素晴らしい。

二人は先になり後になり、交互に釣り遡って行く。魚は瀬に出ていて、大きな淵では思いのほか釣れない。

しばらくして見覚えのある淵が出て来た。

昨年、大きなのを釣った所だ。私はポイントがその淵の深い所にあるのではなく、ちょっと下流の石の陰であるのを思い出していた。

体を低くして、石の先にキジを投げ込む。目印が石の横を通過する時、スーッとイトフケが出た。クッとアワせると、ズンという魚の重みを感じた。とたんに石の下から跳び出したアマゴが、上流に黒い影となって走るのが見えた。

私は腰を落としてサオを立てる。水の流れと魚の動きでイトがピュッ、ピュッと悲鳴をあげている。なんとか岩の下に逃げ込もうと、魚は力の限り縦横無尽に泳ぎ回っていたが、やがて力が弱まったところで、関口君がタマアミですくってくれた。

「でかい」

私はタマアミの中にのたうちまわる魚体を見て、思わずそう叫んだ。赤い斑点がちょっと不鮮明だが、幅広の見事なアマゴで、メジャーを当てると、ジャスト三〇センチ、文句なしの尺アマゴだった。


尺物を上げた頃から急に型が良くなり出して、釣れるサイズはほとんどが九寸以上のものばかりとなって来た。アマゴ釣りというと、伊豆や丹沢のチンピラしか知らない私にとっては、ちょっと信じられないような釣りであった。

一体、こんな型の良い魚がいる所がこの日本にもあったのか、と思うくらいの良型がポイントごとに釣れて来るのである。それはちょうど、私が中学三年生の時、転付峠を越えて大井川の西俣沢でクモマツマキチョウを捕った時に似ていた。私は捕虫網を振り回したのと同じように、夢中でサオを振り続けたのだった。

だが、魚の型が良くなるということは、例の通ラズが近づいているということでもあった。これ以上、人が進めないから魚も濃くなって来ているのだ。はたして今度はあそこを乗っ越すことはできるのだろうか。私は次第に心配になって来た。

そして、とうとう我々はその通ラズの前に立っていた。もう時刻は夕方に近く、黒光りする岩肌と深い淵が、我々の前進を遮っている。

両岸は狭まった崖となり、その間を滝のように速い流れが落ちていた。昨年は両方の壁に取り付いて、高巻きを試みたが、相当高く登らない限り不可能であることはわかっていた。

両岸からの巻きができない以上、ここを越える方法はただ一つしかない。流れの緩い所を狙って泳ぐのだ。関口君はこの案に反対だった。まだ完全に収まってはいない雪代水の中をザイルも付けずに泳げば、向こう側に着く前に体がこわばって泳げなくなるはずだ。それにこの淵を越えた先に、もう通ラズがないという保証は何もない、というのが彼の意見だった。

だが、一五分もしないうちに彼も私の考えに従った。実際、切り立った両岸はとても高巻けないことを、彼も認識したのである。

冷たい雪代の中をひらすら泳ぎまくって上流へ

私は浅い砂底から急激に落ち込む黒々とした淵の方へ、自分の体をグッと押し出していった。生温かい身にシャツを通して冷たい水がにじんで来るのを感じた。あらゆる想念がぐるぐる回った。胸の方からこみ上げて来る不安で、喉が詰まりそうだった。

私は我を忘れて激しく手足を動かした。ザックの重さが首から頭にかけて重なって、顔を水面に出すのも難しく、体は一向に前に進まないような気がした。

しかし、ずっと遠くの方に見えていた岩は、次第に大きくなって、ついに細かな割れ目まで見えて来た。速い流れに水をガブガブ飲まされながら、夢中でその岩にしがみついた。苔むした岩が、これほどまで優しく力強いものだとは、今まで考えもしなかった。

息を切らせて振り返ると、ちょうど関口君が岩につかまるところだった。

全身ズブ濡れとなった私たちは、水に落ちたドブネズミみたいにしょぼくれて、岩の上に立っていた。冷たい水が急速に体温を奪って、たちまち体がガタガタと震え出してくる。

だが、とりあえず我々は第一の関門である通ラズの通過には成功したのである。この先はしばらくは楽な場所が続いてほしい。そう我々は思っていた。

ところが、我々の前には、なお同じような通ラズが続いていたのである。前の所に比べれば、次の通ラズはそれほど難しそうではなかった。

でも、寒さで体がガタガタ震えている身で、難しい高巻きなどできそうもなかった。もう引き返すこともできないし、ここまでくれば先へ行くしかないのだ。毒を食らわば皿までも、という心境で我々は再び泳ぎ始めるしかなかった。

私の心の内には、後悔の念がシミのように生じると、それはたちまち嵐のように大きく拡がっていった。何故、俺は都会の快適な生活を捨てて、こんな所に来てしまったのだろうか。

冷たい雪解け水の中に浸かりながら、一体、自分は何のためにここに来たのか考えていた。楽しむために来たのに、これでは苦しみだけしかない。自分は下界の満ち足りた安全な地帯から隔絶された、まるで別な世界に跳び込んで来てしまったのだ。そこに好き好んでやって来た自分のアホさかげんと寒さを呪いつつも、何とか今夜のねぐらを見つけ出したのは、それから三〇分も後のことだった。

信じられないような尺アマゴが続く

昨夜のビバークはひどいの一言につきた。両岸が切り立っている所ばかりなので、安全なビバークプラッツも見つからない。ちょっとした砂地にツエルトを張ったのだが、雨でも降ればたちまち水没しそうな所で、下は石がゴロゴロしている。その上、水泳が影響しているのか、寒くてほとんど眠れなかった。

まだ暗いうちから焚火を熾し、凍えた体を暖めなければ、寒くていられないのである。早めに飯を炊いて夜明けを待っていると、やがて東の空が白んで来た。

関口君がサオを継いで、さっき米をといだばかりの所に、朝の試し釣りをする。すると、第一投から尺物がいきなり跳び付いて来た。

「白石さん、すげえや。えらく型がいいよ」

私がほんの少し前まで、水をジャブジャブやっていた場所から、もう尺物が釣れてしまったのである。彼はわずか五〇メートルくらいの区間で尺から九寸までの大型を六尾も釣り上げてしまった。

私はそのアマゴを一本一本串に刺して火に焙った。銀白色の見事な色艶で、焼いてしまうには惜しいほどの魚体であった。そして、そのうまかったこと。私はその時点で、昨日からの苦しい事柄のすべてをすっかり忘れ去って、再び渓流釣り師の姿に戻っていた。

尺アマゴの塩焼きが一人一本ずつにデザートまで付いた豪華な朝食で、すっかり元気を取り戻した我々は、午前七時、重いザックを背に釣りながら出発する。

第一投関口九寸、白石九寸、第二投関口尺、白石八寸五分、第三投関口八寸、白石尺一寸……。

ポイントもテクニックもない。どこへ入れてもでかいアマゴが、向こう様の方から勝手に食い付いてくれる。伊豆あたりで一日やっても数尾のアマゴしか釣れない人が見たら、腰を抜かさんばかりの釣果である。出発してからわずかの距離しか進まない間に、ビクはもう満杯になってしまった。

通ラズから上は人間が来た痕跡など皆無であった。釣り人としては我々が恐らく最初なのだろう。尺以上あるアマゴが我々の姿を完全に気付いているはずなのに、少しの躊躇もなくエサを食ってくれたのは驚きであった。

それに有難かったのは、川の遡行が思ったほど悪くなかったことだ。私たちは尺アマゴの入れ食いという、ほとんど信じられないようなことを続けながら、どんどん上流へ遡行して行ったのだ。

だが、良いことは長く続かないのがこの世の常である。不意に我々は楽しい笑いを止めて耳を澄ました。いつもの川音とは違う、重量感のある落下音が聞こえて来たのだ。

滝である。前方五〇メートルの地点に狭く切れた岩の間から三メートルほどの滝が水柱状になって、すごい勢いで細長い深淵に落ちていた。その通過はひどく危険そうで、一瞬、「また泳ぎだな」という悪い予感が走った。

その滝は深く長い釜を持った三メートルくらいのもので、高巻きはひどく悪そうに思えたが思ったより簡単に越えることができた。ゴルジュの始まる少し手前を、左岸から大きく巻くと、問題なしに滝上に出ることができた。

私は泳がなくてすんだことにほっとしたが、滝上に出たのもつかの間、すぐまた通ラズに出合ってしまった。これを右（左岸）から二〇メートルほど高巻いて乗っ越すと、ようやくサオが出せそうな渓相になって来た。

我々は重いザックを背負ったまま、釣り上がることにした。しかし、滝の手前まで尺アマゴが入れ食いで釣れたというのに、どうしたことか、ここでは魚影が薄く、魚の型も急に悪くなってしまったのである。

そして、悪いことには、ものの一〇〇メートルも釣り上がった所で、またまた高巻きとなってしまった。ここは一見、簡単な巻きのように見えたので、サオを継いだまま巻き始めた。ところが、これがとんだクワセ者で、二〇〇メートル近く登らされてしまったのである。

岩がもろく、ひどく危険な巻きを終えて、やっと河床に降り立ったのは、一時間半後だった。わずか一〇〇メートルを進むのに、とんでもない時間を使ったことになる。

だが、そんなのは序の口だった。巻きを終えたのに、三メートルも行かないうちに、今度は反対側の斜面に攀じ登らなければならなかったのである。全くと言っていいほど川通しには進めなかった。

もう、釣りどころではなかった。とっくの昔にサオなどザックに仕舞って、遡行に専念していたが、次々と現われて来る巻きは、私の神経をすり減らした。

逆河内の岩は、非常にもろく、足場の上には小さくくだけた礫片が乗っていて滑りやすい。それに、普通の渓流なら、ある程度高く巻くと、森林帯の中に逃げ込めるのだが、ここでは稜線まで急なガレとなって続いているので、一ヶ所巻くにもかなり高く登らなければならない。

しかも、谷はまるで桶の底にいるような感じなので、今自分たちがどの辺りにいるのかもわからない。蛇のように激しく曲がりくねった川の流れで、方位さえわからないのだ。

我々は確かに未知なる世界に突入していた。けれども、それはまた、この先がどうなっているのか、皆目見当がつかないことでもあった。未知とはそういうことなのだ。先に何が待っているかわからないから未知も面白いのだ。

だが、俺の目的はそんなところにあったのだろうか。俺は釣り師だ。沢登りに来たのではないはずだ。それなのに俺は今、サオも仕舞ってひたすら先の見えない谷の中でもがいている。いつになったら、さっきみたいな源流の大アマゴと対面できるのだろうか——と私は思い始めていた。

山崩れと鉄砲水がキャンプサイトを直撃して来た

高巻きのインターバルは次第に短くしかもきつくなって来た。遡行のピッチは落ちて、ほとんど距離をかせげないまま、時間だけがどんどん過ぎていった。

一つの巻きに出合うと、まずルートを探し、行き詰まるとまた別なルートに取り付く、といった具合なので、時間がかかること、おびただしいのだ。

今ならゴルジュなどどんどん泳いでしまうのだが、当時の貧弱な装備（何しろ水に濡れてもへっちゃらというポリプロピレンの下着なんか、考えられない時代であった）では、全身を濡らすのはよほどのことがない限り避けたかったのである。その上ザイルも持参していないし荷物が重いから、ちょっとした所でも高巻きをしなければならないのである。

次第に強まるあせりと不安に、とうとう我々はストップさせられた。昨日のビバークプラッツから一キロも進んでいないのに、もう夕闇が迫って来ていた。重苦しい沈黙が流れる。

ツエルトを張る間、二人はひと言も口を開かない。だが、それは新たな困難のほんの始まりでしかなかった。

夜半、ものすごい音をたてて雨が降り始めた。ツエルトの薄い布を通して浸み込む雨水で、たちまちズブ濡れになってしまう。

泣きっ面に蜂とはこのことだ。気持ち悪い雨水が、背中の辺りをチョロチョロ流れ、それが体温をどんどん奪って行く。昨日に続いて、今夜もまた眠れぬ夜を過ごさなければならないのだ。

ところが、夜明け近く、ようやくウトウトしだした時、今度は突然、雷鳴のような大音響が轟きわたった。

「山崩れだァ」と叫びながら、私たちは夢中でツエルトから跳び出した。

見ると我々のすぐ横を、土石流がうなり声をたてて怒ったように落ちて行く。激しい雨で、崩れやすい斜面が一気に滑り落ちて来たのだ。

だが、次の瞬間、もう一つの危険が迫っていることに気付いた。前方の狭くなった岩の間から、私たちの方に向かって押し寄せてくる泥水の盛り上がりが、私の眼いっぱいにとび込んで来た。

に、ドッと溢れて来ていた。

「鉄砲水だ‼」

茶褐色というか、ほとんどチョコレートのような色の水が、堰を切った一揆のように、ドッと溢れて来ていた。

私の混乱した頭の中に、遭難の恐怖が一瞬走る。だが我々は、山では他の誰よりも熟練したパーティである。私も関口君もこうした修羅場を何度となく、くぐり抜けて来ている。

長年の経験から、テン場は落石と鉄砲水には平気そうな場所を選んでおいた。しかし、昨夜の雨は我々の想像をはるかに越えていたのである。

私たちは地滑りが、タッチの差で我々のビバークプラッツを避けて落ちて行ったことを確認するや、ただちに荷物をパッキングし、脱出ルートに眼をやった。

水がツエルトの所まで来たら、いつでも逃げ出せる態勢をとった。だが、幸いなことに、鉄砲水はツエルトのすぐ下で止まったのである。そして、雨がやんだ。

結局、水位はビバークプラッツの直下で停止し、やがて、次第に下がっていった。約三メートルという増水であったが、雨がやんで一時間もしないうちに一メートルほどは水位が下がった。しかし、それからが長く、待てど暮らせど水が引かないのである。結局、狂った奔流は終日続き、我々を狭い岩棚の上に丸一日閉じ込めてしまったのである。前も後ろも崖では、戻ることも進むこともできないのだ。

私は窮屈な岩の上から泥水を見ながら、ようやく滝の上に魚が少ないことの理由を理解した。つまり、廊下状になった狭い谷では、増水すれば水は川幅いっぱいに流れて、魚は隠れる所がなくなってしまう。それで、ゴルジュ帯ではそこがどんなに良い淵だろうと、増水時の強烈な水圧に押し流されてしまい、棲息に不向きなのだ。

そう考えると、私がかつて釣り歩いた谷で、とくに廊下の部分では、不思議と魚影が薄かった謎も解けて来た。とすれば、我々は一刻も早くこの廊下帯を抜け出さねばならない。いつまでもここにいることは無意味だし、第一危険だった。

だが、一体、いつ、どこへ脱出しようというのだろうか……。

六時間に及ぶ大高巻きで窮地から脱出

翌朝もまだ増水は続いていた。今日も川通しの遡行は不可能なようだ。そこで昨日から考えていた大高巻きを敢行することにした。すなわち、中流部で大きくクビレて、島のようになった部分を左岸から一尾根越えて巻こうという計画だ。

八時きっかりに我々は、左岸の急な岩とガレがミックスした壁に取り付いた。平均傾斜は七〇度はあろうか。落石を避けながらジリジリと攀じていく。次第に高度感が出て、掌や額から汗がにじんで来たが、約一五〇メートルで傾斜が緩くなり、あとはがむしゃらに登った。

地図とコンパスを頼りに、我々は大クビレのコル（鞍部《あんぶ》）に達した。けれども、まだ足元の谷は険しく、増水した濁流が激しく逆巻いていたので、もっと上部まで一気に高巻くことにし、さらに高く登って行った。

その後、逆河内の全容がわかってからも、何度かこの大クビレのコルを巻いて上流へ入渓しているが、この時の我々の判断はある面で多少間違っていた。

コルから見た上流部は、まだ険しい廊下のようで、この日の増水ぶりでは、とても遡行できないように見えたので、もっと上の方まで一気に高巻いてしまったからだ。しかし、数年後にコルからザイルを使って懸垂で川に降り立った時、そこが見かけ以上に遡行の容易なことに驚いたものである。だが、実際あの時の水量ではたとえコルから川に降りても、また、高巻きの連続であったことだろう。

私たちは最初の計画であった一つ尾根を越えることから更に二つも三つも尾根を越えることを余儀なくさせられ、六時間後にようやく逆河内の上流に降り立った。

そこは、最初の降下予定地点である大クビレ上部より、さらに一キロも上流で、降りた所はなお廊下になっていて、すぐ上には二段の滝が見えた。

だが、この滝の巻きは簡単で、右岸から楽に乗っ越すと、そのすぐ上に恰好のテン場があった。さっそくツエルトを張って、空荷で上流へ釣りに出掛けた。

逆河内の最深部は大アマゴの宝庫だった

テン場の右には、水量のある沢が一〇メートルくらいの滝となって出合い、本流はその少し先で右に大きく曲がっていて、左岸側の巻きとなる。これを越えた所からいよいよサオを出す。

これから先の釣果については、私たちはよほど親しい人にも口をつぐんで秘密にしていたのだが、それは驚くべきものだった。尺以上のアマゴが、それこそ入れ食いで釣れて来たのである。

川は中流部の険しさが嘘のように穏やかになり、浅い瀬が続いている。そして、そこに近づいた時、私は思わずわが眼を疑うような光景を見たのである。

水深が五〇センチにも満たない浅い瀬に、三〇センチは楽に超えているアマゴが三尾、ユラユラと浮いているではないか。

「アッ、あれは……」

私はあまりの魚のデカさに、思わず声をあげたのだが、驚いたのはその後のことである。

関口君がその魚の前にエサを流したら、たちまち一尾が食い付いて来て、釣り上げられてしまったのだが、再び水面を見ると、同じように魚が三尾いる。一尾釣り上げたのに、もう一尾がどこからともなく出て来たのである。

そして、次に私が別な一尾を釣り上げたところ、今度は五尾くらいに魚が増えているのだ。

一体、ここにはどれくらい魚がいるのか、見当もつかなかった。けれども、次から次へと出て来る魚の数の多さと型の良さは、どうやら我々の想像を絶しているようだった。淵には少ないが、瀬ではどんどん釣れる。それが、ほとんど尺上か、それに近い幅広のアマゴなのだ。

私は巨大なアマゴを釣りながら、「ここは口が裂けても喋っちゃいけない、絶対に人には言わないで隠しておこう」と思ったのだった。

四五センチの大アマゴがハリ掛かりした

翌五月三日、いよいよ夢にまで見た最源流の二股から上に向かう。昨日サオを仕舞った二股のすぐ下まで、三ヶ所の巻き（いずれも左岸）をし、そこからサオを出す。昨日の感じからして、今日の釣りは相当なものであろう、という予感に打ち震えながら第一投するが、予想にたがわず最初から九寸級が釣れて来る。

昨日と同じく浅い瀬から次々と釣れ、遡行のピッチはははかどらない。二股まで数百メートルの距離であろうが、魚が釣れすぎて、ほとんど前には進めないのである。

そのうち関口君が、途方もない奴を仕掛けた。腰を落としてサオを立てようとするが、水の中をめちゃくちゃに走り回って、全然サオが立たず、イトを切って逃げてしまった。

「今のは四〇センチ近かった」と言って残念がっている。ところが、それから五分もしないうちに、今度は私のサオに強烈なのが来た。

アタリは小さかったのだが、アワせると同時に下流へ、流れに乗ってどんどん走り出した奴は、今まで見たこともない大きなアマゴだった。

白泡の中に黒いパーマークを見せて、彼は、下流の方へ必死で泳いで行く。その時、私は彼の体をはっきりと見た。そいつの横腹は一〇センチ近い幅で、長さは四五センチはありそうだった。

私は魚と一緒に下流に走り始めた。だが、それよりも彼の方がわずかに速かった。

ほんの少しだけ彼をこちらに引き寄せようと、サオにテンションを掛けた途端、一号のハリスは音もなく切れてしまい、彼は深みへと逃げて行った。

合地沢と明河内《あけごうち》が出合う二股に着いたのは九時頃だったと思う。

そこに至るまで、私たちは人間の痕跡というものを全く見ていなかったので、ここまでやって来る人間は、ほとんどいないと思い込んでいた。

ところが二股に着くと驚いたことにそこには小さな狩猟用の小屋があり、二人の男の人がいたのである。

彼等の出現には驚いたが、相手の人たちの驚きはもっとすごかった。後方から近づいて「こんにちは」と声をかけると、驚きのあまり三〇センチくらい跳び上がったほどである。

彼等は営林署の人たちで、将来、逆河内の奥に至る林道造りのため、山越えで測量に入って来ているという。そして、私たちが川伝いに下から遡行して来たと言うと、「三〇年もこの山に入っているが、逆河内を下から遡って来た人なんて、初めてだ。よくまあ、あんたら死ななかったなァ」と言って感心している。しかし、彼等に出会ったのは、我々にとって幸運だった。というのも、もう寸又峡を出発して四日もたち、とにかくこんな源流まで来てしまったが、帰路についての予定は全然考えていなかったからだ。

私たちは彼等がどのようなコースで山越えをしたのか詳しく尋ねた。その結果、一旦、右岸側の不動岳の頂上まで登ってから、下流の入渓点であった例の白沢の高い吊橋まで降りられることを知ったのである。また、それ以外に、いくつかの隠し道についての情報も得ることができた。

我々は彼等と別れると、さらに合地沢を遡行し、アマゴ止の滝を越えると、イワナの領域にまで足を入れ、帰路は彼等に教わった不動岳経由のコースで寸又峡に戻ったのだった。

かくして、逆河内の核心部の突破に成功するとともに、この谷のほぼ全容を把握したのである。そして、それは次にイワナの魚止滝への挑戦となり、逃げられた四五センチの大アマゴへの、しつっこいまでの挑戦となった。

私は熱病にかかったように逆河内に通い続け、それから数年後についにお化けのような大アマゴを仕留めたのであった。

日高山脈・
元浦川ソエマツ沢

豊饒な
日高の渓流群への
第一歩

話は多少前後するが、私が日高山脈の渓《たに》に入ったのは、逆河内《さかさごうち》の完全遡行の前年、八久和《やくわ》川を遡行した後である。当時、私は大学院の学生であったが、親からは勘当の身であった。好き勝手に釣りばかりやる私に、さすがの親もあきれはてて、「勝手にせい」と言われて、一人で暮らしていた。

私は新宿の牛込柳町近くの三畳一間のボロアパートで、学習塾の教師のバイトをしながら、細々と暮らしていた。一ヶ月のバイトの収入は3万円。もちろん、みっちり働けば、当時でも一〇万円くらいの稼ぎはあったろうが、私は週四日以上は働こうとしなかった。

お金はたくさんあった方がいいに決まっているが、それだからといって、自分の自由な時間をつぶしてまで働きに出ようとは思わなかった。生来の怠け者である私は、余った時間を勉強や釣りに使った。

当時（昭和四五年頃）、一ヶ月三万円で暮らすということは、恐らく最低の生活をしなければならない額であっただろう。事実、お金がなくて飯も食えない日もあった。しかし、不思議なことに、そんな時でも、釣りに行く費用だけは、どこからともなく捻出させていたのである。

あの時の私は、釣りに必要な装備も揃えられない、モラトリアム的若者の一人であ

札内岳
幌尻岳
札内川
イドンナップ岳
カムイエクウチカウシ山
シュンベツ川
コイボクシュシビチャリ川
イドンナップ川
無名沢
サッシビチャリ川
暦舟川
中ノ川
ヌビナイ川
歴舟川
大樹
ペテガリ岳
ペンケアブカサンベ沢
シュンベツ川
中ノ岳
コイカクシュシビチャリ川
メナシベツ川
紋別川
神威岳
ソエマツ岳
ピリカヌプリ
双川
静内ダム
豊似
豊似川
ソエマツ沢
静内
静内川
日高山脈
トヨニ岳
野塚川
楽古川
元浦川
楽古岳
広尾
三石
幌別川
荻伏
浦河
様似川
様似
幌満川
猿留川
ニカンベツ川
庶野
歌別川
襟裳岬

った。だが、今思い出しても、それは不幸な時代では決してなかった。貧しくはあったけれど、最も充実した楽しい時期でもあったのである。何故なら、この貧しさによって得られた時間を、私は渓流釣りのなかにすべて注ぎ込むことができたからである。

物語は一枚の小さな写真から始まった

私が日高の渓流に魅せられたのは、ある沢登りの記録がきっかけだった。それは元浦川のソエマツ沢を遡行し、神威《かむい》岳に登った時のことが書かれていたものだが、そのなかにソエマツ沢で釣られた巨大なイワナとヤマメの写真が載っていた。それも半端なものではなく、凄まじい写真を見てしまったのである。

五センチ四方くらいの小さな写真だったが、そこには尺以上のヤマメが数十尾転がり、さらに四五センチ以上は確実にあるイワナが数尾写っていた。イワナはともかくとして、ヤマメは幅広の見事な型揃いで、当時、ヤマメといえば奥多摩か狩野《かの》川のチンピラしか知らない私は、すっかりそれに圧倒されてしまったのである。

八久和川の遡行を完成した直後であり、次の目標を探していた私が、すぐさまそれに跳び付いたのは言うまでもない。同じ渓流会の会員である関口幹夫君を誘い込んで、その年の秋から冬にかけて、じっくりと北海道の釣り場の研究にとりかかったのだっ

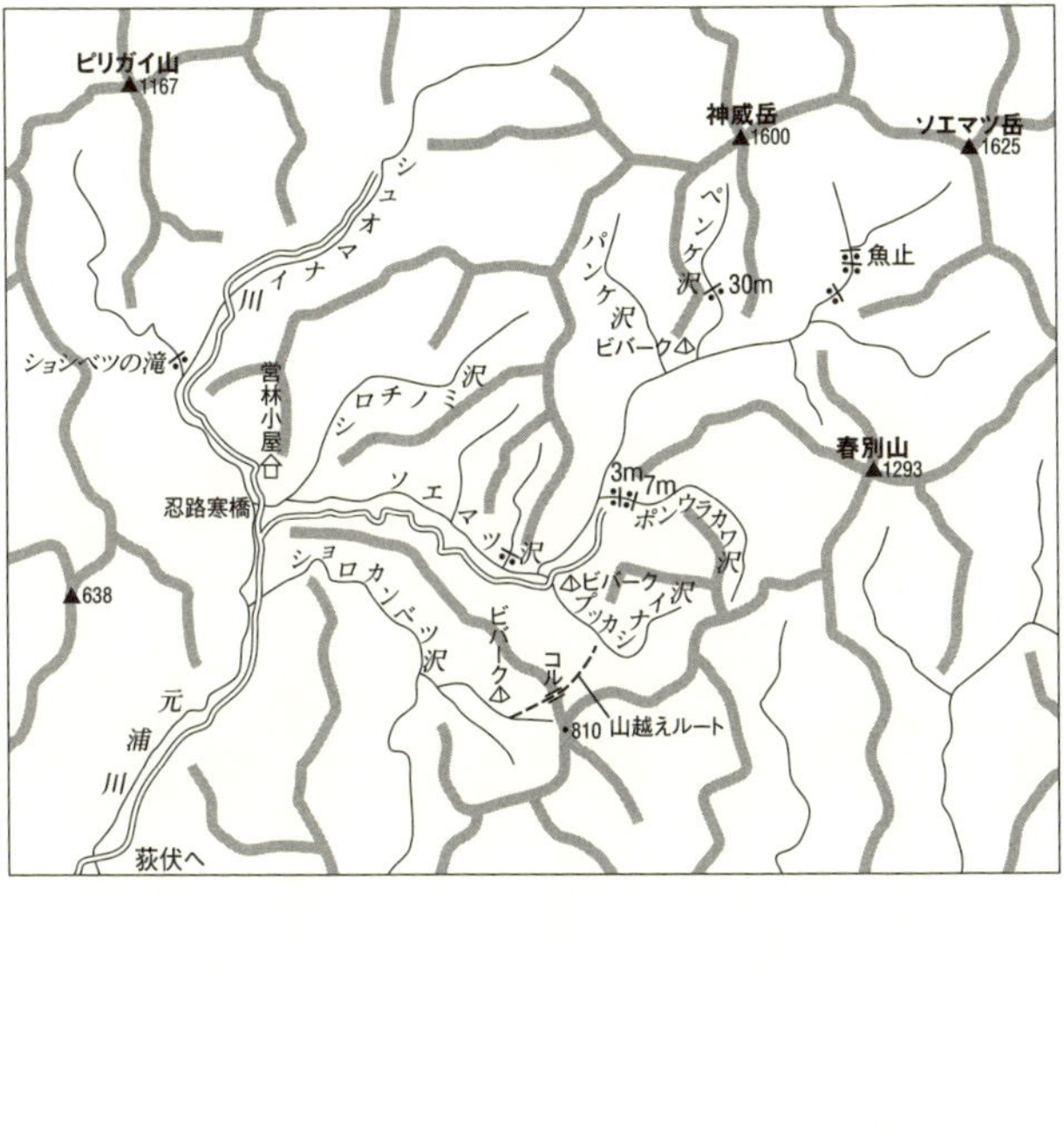

ピリガイ山
1167
神威岳
1600
ソエマツ岳
1625
シュオマナイ川
ペンケ沢
パンケ沢
30m
魚止
ビバーク
ショシベツの滝
営林小屋
シロチノミ沢
春別山
1293
3m
7m
ポンウラカワ沢
ソエマツ沢
忍路寒橋
ショロカンベツ沢
ビバーク
イナシカップ沢
638
ビバーク
コル
山越えルート
810
元浦川
荻伏へ

た。

昭和四五年頃の北海道は、渓流釣りの天国のような所で、ちょっとした川なら、一日でも一〇〇尾以上のヤマメが釣れた。まして、イワナとなると相手にする人もまれで、尺物が釣れても「なんだイワナか」と言って、捨てて歩いたという時代であった。そんな時代だから、日高の山奥まで入る物好きなどなく、たまに沢登りの人がサオを出す程度で、ほとんど釣り場は未開であった。

そして、少ない資料を調べて行くうちに、私の気持ちは次第に高ぶって行くのだった。数少ない沢の遡行記録の中に、しばしば、「丸太棒のようなアメマスを見た」とか、「五〇センチはあるイワナが泳いでいた」といった記述を発見し、日高山脈の渓は途方もない渓流の釣り場であることに気付いたのである。

年が明け、再び渓流が解禁になると、私はトレーニングと称して、いくつかの難しい谷へ釣行《ちょうこう》した。

五月には大常木谷《おおつねぎ》、六月、猿田川、七月、西大島の桝形川《ますがた》と、たて続けに行った。しかし、これらの釣行を行なっている間も、私の眼はさらに先を見つめていた。この一連の釣行を通して、厳しい日高の渓を遡行する技術を、さらに確かなものにしようとしていたのである。

そして、ついに出発の日がやって来た。七月二八日、むし暑い東京、牛込柳町のボロアパートを夜一〇時に、関口君の愛車・スカイラインで出発した。

勿論、今のような高速道路はなく、国道四号線をひたすら北上する。若さにまかせて、二人で次々と運転を交代して、一路北海道へ向かって行った。

夜が白々としたのは福島を過ぎた頃で、やがて仙台に到着。金のない私たちは北海道の地図だけは用意したが、本州の地図は買っていなかった。四号線を北上すれば、やがて青森へ着くのだから、地図なんか必要ない、と思っていたのだ。

それで、仙台を過ぎて小一時間も行った所でガソリンを補給した折、私は迂闊にも、「あと二～三時間で青森へ着きますかねぇ」と、スタンドの人に聞いてしまったのである。

「あんたらどこまで行くんだ。えッ、北海道？　青森まではまだ半分も来てないんだよ」と、店員さんはあきれたような顔をして答えた。

私は東北地方の大きさを過小評価していて、仙台を過ぎればすぐ青森と思い込んでいたのである。そして、店員さんに笑われたように、東北の広さをつくづくと感じさせられながら、蜿蜒《えんえん》と走り続けたのだった。

盛岡を過ぎ、野辺地に着いたのは昼近かった。下北半島に入ると、地形は一変し、日本離れした素晴らしい風景の中を、この半島の先端にある大間に向かってさらに走り続けた。

大畑川は前日に雨が降ったのか、赤く濁っている。数々の名声を博したこの川も、こうして赤茶けた濁流となっているのを見ると、そこに魚がいるのがいかにも不思議に思えた。易国間《いこくま》川では、子供たちが無心にアユのエサ釣りをしていた。

これらの有名な川にサオを出したい誘惑を断って、さらに北の方へ走り続けると、やがて道は突き出た岬の所で行き止まりとなった。小さな家が並ぶその街が、本州の最北端・大間岬のある大間であった。東京を出てから一五時間、トリップメーターは八一一キロを指していた。

大間から室蘭行きのフェリーに運良く滑り込んだ私たちは、船に乗り込むやたちまち眠ってしまった。不眠不休で一昼夜ぶっとばして来た疲れが、ここでドッと出てしまったのだ。

どのくらい寝たろうか。デッキに出ると、いつしか暗い雲間より射し込む弱い天空の光の中に、北海道がかすんで見えていた。

室蘭港の外郭は、切り立った崖に囲まれていて、堤防には何人かの釣り人がイトをたらしていた。私は望遠鏡を取り出すと、巨大なコンビナートの背後に続く大地をながめていた。

北海道に上陸するや、まず、我々は風呂屋に行き、さっぱりとしたところで、必要な食糧を購入し、再び真夜中の国道三六号線を、今度は苫小牧《とまこまい》に向かって走り始めた。だが、さしもの我々も睡魔には勝てず、その夜遅く、支笏《しこつ》湖畔で仮眠をとることにする。

夜の支笏湖は静まり返っていたが、暗い湖面には無数の明かりが灯っていた。それは、実はチップ（ヒメマス）釣りのいさり火だったのだ。今は夜のチップ漁は禁止されているが、当時はOKで、翌朝、陸に上がって来た釣り人の釣果は驚異的なものであった。各人がそれぞれクーラーいっぱいに釣っているのだ。

早々と北海道の釣り場のすごさを見せつけられた私たちは、さらに長い旅路へと出発する。

北海道の道路はどこまで行ってもまっすぐで車の量も少ない。渋滞どころか信号もなく、まるで高速道路を走っているようである。七時にはもう日高地方に入っていた。

初めに見えたのは新冠《にいかっぷ》川だ。ずば抜けて大きい川である。続いて、私がその後通い続けることになる静内《しずない》川が見えた。私の想像では多摩川程度の川と思っていたのだが、とんでもない考え違いである。とにかく大きくて、水量もすごい。こんな大川ではきっとサオも出しにくいだろうと思えた。

噂の通りソエマツ沢は大物釣りの天国だった

元浦川の麓にある荻伏の街に着いたのは、七月三〇日の午前七時三〇分であった。まず、当地の渓流釣りの第一人者、工藤旅館の当主、工藤一光氏を訪ねるが、氏はあいにく出漁中で、弟君が現われた。

彼は我々が、はるばる東京からやって来たと聞くと、「物好きな」という顔をした後、たくさんの写真と魚拓を持って来て見せてくれた。それは私たちのど肝を抜くには十分の代物であった。

一枚の写真には今まで見たこともないような大イワナが五〜六本「デデーン」と置かれていたし、別な一枚にはこれまた尺物のヤマメが一〇〇尾以上並んでいる。そして、魚拓を見ると、イワナはすべて五〇センチ級、ヤマメも尺物ばかりというド迫力である。これを見たとたん、私は思わず「ワナワナ」と震え出し、「ついに俺たちも来たのだ。俺も絶対釣るぞーッ」と、固く固く思ったのだった。

工藤さんの言葉は私たちが狙い定めた渓が、まさに大イワナ、大ヤマメの天国であることを示していた。だが、そこ、すなわちソエマツ沢へ行くには、かなりハードな思いをしなければならないようであった。

「ソエマツ沢は下流から川通しに遡行することはできない。行くんなら、手前にあるショロカンベツ沢を詰めて、尾根を一つ越しなさい。でも、あんたたちに行けるかなァ？　根曲がり竹のヤブはすごいよ」と言いながら、工藤さんは山越えルートを親切に教えてくれた。


日高の渓流へ入るには、営林署で入山許可証が必要である。我々も上野深にある営林署で許可証をもらうと、いよいよ元浦川林道に入る。次第に見えて来る川は、これまたすごい水量である。

教わった通り、ショロカンベツ沢の出合にある営林小屋に着いた。東京から一〇〇〇キロの道のりを走り抜いてくれた関口君のスカイラインは、ようやくここで大任を解かれ、営林署の駐車場の中に停められた。ここから先はもう自分たちの足と、時には手をも使って進むしかないのだ。

我々は山越えのアルバイトを考慮して、慎重に練られたリスト通りに装備、食糧類をアタックザックの中に詰め込んで行く。あまり重要ではない荷物は軽量化のために切り捨てられた。

だが、カメラだけは貴重な記録になるということで、35ミリ一台と、リンホフテヒニカという蛇腹式の大型を持って行くことにした。こいつは修学旅行の記念写真なんかを撮る時、写真屋が黒い布を被って「パシャッ」とやるタイプのカメラで凄まじい重さであった（結局、このカメラは重いだけで、クソの役にも立たず、後で我々はひどく後悔させられることになるのだが）。

五日分の食糧とカメラを背負うと、肩がズシーンとなる。営林署の人に挨拶をすると、「おやじ（クマ）に気を付けろよ」と言って、橋の所まで送ってくれたが、一〇分も歩かないうちにもう息切れがしてくる。荷の重さもさることながら、丸二日間、ロクに寝ていないので、既に疲労がたまっていたのである。

山越えする前に早くも四五センチがヒット

北海道の渓流は平坦な川が多く、ポイントをつかみにくいと聞いて来たが、このショロカンベツ沢は本州の渓流と同じで、落差もあるなかなかの所である。しかし、魚の数は多くなさそうだ。

北海道で、とくにイワナの川ならどこでもまっ黒になるくらい魚がいる、というのに、この沢には一尾も見えない。たまに走る魚も、よく見るとカジカである。しかも、こいつがばかデカイのだ。

林道の橋から二時間歩いて、最初の二俣に着いた。ここまでの間、ついに一尾のイワナが走るのも見なかった。日高の渓流といえども釣り人が入って場荒れしているのだろうか。我々は少々不安になって来た。

二俣は右が本流だが、山越えは左の支流を詰めなければならない。私たちはそれに入った所でサオを出した。魚は一尾も走らなかったけれど、今日はなんとしても最低二尾は釣らなければならない。荷を軽くするために食糧を切り詰めてあり、今夜のオカズは〝イワナの塩焼き〟の予定になっているからだ。

イワナは無理でもカジカくらいは釣ろうと、やや悲壮な思いでエサをちょっとした淵に入れた。すると、黒い影がいきなり走ったのである。

「やられた!」キジが食いち切られている。魚などいそうもないと、油断していたのがいけなかったらしい。エサを付け替えて第二投。すぐ来た。今度は合った。釣れた魚は妙にボテーッとしたヤマメだった。だが、どうも変だ。本州のとは大分違って、腹がフナみたいにふくれていて、頭が異常に小さい。これが噂に聞く日高の幅広ヤマメなのだろうか。しかし、型はそれほどではない。

左俣沢（名前がわからないので、私たちは適当にそう呼んでいた）は、水もあまりないヤブ沢だが、さっきまで一尾も魚影を見なかった本流と違って、非常に魚の濃い沢だったのである。

小さな落ち込みの下には必ずと言っていいほどヤマメかイワナが潜んでいて、一発で食い付いて来る。ヤマメは一八センチから二〇センチくらいで、素晴らしく体高が高い。後でわかったことだが、これはすべてオスで、異常に膨らんだお腹の中は、白子でいっぱいだった。一方、イワナはほとんど尺級で、驚いたことには、その中の一尾に、早くも四五センチという大物が混じって来たのである。

ものの三〇分もしないで釣りはやめた。四五センチの大イワナを釣ったので、もう少しやればもっと大型が出たかもしれないが、いつの間にか我々の周囲には眼も開けていられぬくらいたくさんの虫《ブヨ》が集まって、じっとサオなど出していられない悪い状況になっていたからだ。あっちこっち刺された我々はあわててサオを仕舞うと「ワーッ」と声をあげて走り出した。すると、それにつれて虫も走り出すのだから始末が悪い。

　四時にやっとビバーク地を見つけた。というより強引に作り出した。ここでは平らな部分などなく、すべてが傾斜しているからだ。一メートル以上もあるフキをツエルトの下に敷きつめてから、今釣った魚を焚火で焼いた。例の大物はなかなか焼けず、関口君が「ばかデカイんだよ」と言った。

　漆黒のように暗い木々のしじまの向こうに星が光っていた。東京を出て三日目が終わろうとしている。だが、それは未知なる世界への、ほんの第一歩にすぎなかった。大イワナ、大ヤマメが乱舞する世界は、この山の向こうなのだ。

　私は寝にくい傾斜地に体を横たえると、この山の向こう側で我々を待ち受けている大イワナに思いを馳せていた。


ショロカンベツの山越えは猛烈な笹ヤブで始まった

　寒冷な北国の冷気に、思わず身ぶるいして目が覚めた。ヘッドランプの薄暗い光の輪の中で、私は愛用のスベア123に素早く火を付けてから、関口君を起こした。

　時計を見ると、まだ午前三時三〇分だった。周囲は深い闇に包まれて、無気味な沈黙が漂っていた。釣り場に入って最初の一夜、山越えのことが気になった私は、予定の時間より、一時間半も前に目を覚ましてしまったのである。

ねむそうな顔をした関口君も、すぐ起きると、二人は手慣れた感じで食事の準備をして行く。熱いお茶がなみなみと注がれ、凍えた体をいやしてくれる。

山越えという困難な障害は、朝のうちに克服しなければならない。水のないヤブ山を、暑い日中に登るなど正気の沙汰ではないからだ。

暗い中で食事を済ますと、手際良く荷物をパックし、急な斜面に対峙していた。

「行くぞ」と私は声をかけて立ち上がる。昨日のうちに見つけておいた、秘境ソエマツ沢の入口を示す赤いテープが、頭のすぐ上に見えている。

「取り付き点だけは間違えないように。そこから右へ右へ登れ」と、工藤さんは教えてくれたっけ。だが、道どころか、確定的なルートさえここにはないのだ。取り付き点と下降する沢だけが決まっているだけで、あとは自分たちが歩きやすいと思う所を行くしかないのである。

我々は教えられたように、取り付き点から右へ右へ登って行く。というよりは、体をズリ上げて行くと言った方が適切である。次第に密になる根曲がり竹は、急な斜面いっぱいに拡がっていて、いつの間にか背丈よりずっと高くなっていた。前を必死になって這い登って行く相棒が見えないくらいの密度である。傾斜が急なので、竹の上に乗るとつるつる滑って、一メートル登っては五〇センチずり落ちるという苦しいヤブコギが続いた。

そして、この竹ヤブをやっと突破したと思ったら、今度はイラクサの大群落が出現した。このトゲたるや、まるでハチに刺されたように痛い。だが、こんなことでまいる我々ではなかった。大イワナの桃源郷に入れると思い込んでいる我々は、痛さにヒーヒー言いながらも、なお元気にコルを目指して登り続けたのだった。

幻の蝶オオアカボシウスバシロチョウ

ショロカンベツ沢とプッカシナイ沢の中間尾根のコルは、深い根曲がり竹の中にあったが、そこから少しプッカシナイ沢、すなわち、ソエマツ沢側へ下降した所で急に眺望が開けた。遠くに連なる日高の峰々が、その時初めて見えた。どっしりと静かな威厳に満ちた神威岳が巨大な急崖となってソエマツ沢の方に落ちていた。眼下に拡がる急な斜面の向こう側は、未知の世界へと続いている。日高の白い渓は、我々のすぐ下にあった。どこまでも大きく、我々の侵入を拒否するような大森林。それを私は深い畏敬の念を持ってながめていたのだった。

だが、自然の内にいつも感じる創造主への崇高な感情も、私たちの大イワナに対する欲求の前では影が薄かった。この大いなる釣りへの憧憬こそ、はるか一〇〇〇キロも遠方からここまで我々を駆り立てたものであった。

早くも夏の強烈な陽射しが、日高の頂を焦がすほんの少し前に、私たちは歓声をあげながらソエマツ沢に落ち込む小さな沢をかけ降りた。だが、その途中で私はとんでもないものを目撃したのである。

その光景は今も鮮明に覚えているが、大きなシシウドの花に、一匹の白い蝶が留まっていたのである。蝶は白い翅《はね》を半ば開きかけていた。私はそれを見た時、北海道にしかないヒメウスバシロチョウかエゾシロチョウと思いながら、何気なく翅の間をのぞいて、ギョッとしたのだった。翅の間にあるべきはずもない赤い斑紋がはっきりと見えたのである。

「オオアカボシウスバシロチョウだ」

中国や朝鮮半島にはいるが、日本にはいるはずのないオオアカボシウスバシロチョウが、そこにいたのだ。これが事実とすれば、生物学的にはたいへんな発見である。

確か私の記憶によれば、以前、何匹かのオオアカボシウスバシロチョウが北海道で発見されたことがあるはずだ。その幻の蝶が、今、私の目の前の花に留まっているのだ。

私は関口君を呼び止めると、急いでザックから、捕虫網を改造したタマアミを取り出しにかかった。だが、幸運の女神は私にほほえんでくれなかった。私がタマアミを出すよりも早く、彼女は私の存在に気付いたのか、赤い斑点を鮮やかに残しながら、フワフワと飛び立つと、はるか彼方へと逃げてしまったのである。

「クレオパトラの鼻がもう少し高かったなら歴史は変わっていた」と言われるが、私の場合は、「タマアミをもう少し早く出せたなら、私の人生も変わっていた」というところである。

この幻に終わった蝶が、大陸から風に乗ってやって来た迷蝶なのか、それとも日高の山奥で、人知れず細々と生き続けて来たのかは知らない。

その後、私は日高に来るたびに、白い蝶を探しまくるのだが、いまだに、それは幻に終わり続けている。

どこにエサを入れても大物がアタって来る

幻の蝶騒ぎで遅くなった私たちは、三〇分ほどでプッカシナイ沢の上部に降り立った。ソエマツ沢に出るには、この沢をさらに下らねばならない。沢は暗い廊下で、そこをかけ降りて行くと、途中から大きなイワナがどんどん走り出した。いよいよ、イワナとヤマメの王国に辿り着けたのである。

プッカシナイ沢は思ったより長く、ソエマツ沢本流まで三〇分以上かかった。暗い沢からいきなり明るい河原に跳び出ると、そこにゴーゴーと音をたてて流れる川があった。それがソエマツ沢だった。

だが、それは沢という名にふさわしくない、すごい水量であった。おそらく数日間降り続いた雨のためであろうが、増水気味で、対岸への徒渉などとてもできそうもないくらいである。

対岸に、絶好のテント地を見つけたので、比較的体重のある私が、いちかばちか徒渉を試みるが、数メートルと行かぬうちに押し流されてしまう。

この水量では上流まで行くのは難しいと判断した我々は、手前側のちょっとした高台にツエルトを張ると、その日は、昼近くになってから軽く足慣らしにポンウラカワ沢まで釣り上がって、様子を見ることにした。ソエマツ沢本流はすごい増水で、ずっと片側を遡行して行くしか方法がない。しかも、水量もさることながら落差もかなりある。我々は小さな函を越えた先からサオを出した。

アタリは二人にすぐ来た。関口君はイワナだったが、私に来たのはほとんど尺に近い九寸九分くらいの幅広なヤマメだった。荻伏の工藤さんの話では、元浦川の中流に堰堤ができ、ソエマツのヤマメはあまり期待できないと聞いていたが、第一投からこれとは、さすがに日高である。

同じ所にもう一度投餌《とうじ》したら、待ってましたとばかり、また二人に同時に釣れて来る。魚の濃さは素晴らしいの一言につきる感じで、どこに入れてもアタリがあった。それもほとんどが尺以上で、私たちが想像していたよりはるかに大型揃いである。

しかし、ヤマメは最初に私が釣った一尾だけで、あとはイワナばかりである。噂に聞く尺ヤマメの群れはどこへ行ったのか、一向に出て来る気配はなかった。

四一センチ、四六センチの大イワナを連続ヒット

ポンウラカワ沢……、おっと、申し遅れたが、この奇妙な名前のポンとは、アイヌ語で小さいという意味で、小浦川沢ということだろうか。とにかく、そのポンウラカワ沢までは、両岸は広い河原で足場もいいが、出合のすぐ下は深い淵で、そこから廊下帯となっている。

左岸の悪い壁をヘヅってポンウラカワ沢に入った。沢はゴルジュ状になっていて、出合の小さな落ち込みでまず尺一寸級を上げた。

そこから急激に左に回り込んだカーブを曲がると、一〇メートルほどの二段の滝が見え、手前には太い流木が廊下を支えるような感じで倒れていた。木の下は滝壺から続く深い淵で、いかにも大型がいそうだ。

出合で私が釣ったので、今度は関口君がサオを出す番である。彼はキジを底の方に沈めていった。すぐ、ガクンと強いアタリできた奴は、尺三寸の大物。これを私が水の中に立ち込んで、タマアミですくい上げる。大物を釣って喜ぶ彼を見ながら、今度は私がサオを出す番だ。すると、エサが底まで達しないうちに、もう次のアタリが来た。これがまた強烈な引きである。サオを立てようとするが、奴は水の中を暴れていてなかなか出てこない。

魚の引きから四〇センチは下るまいと思ったが、案の定、四〇センチを一センチオーバーした四一センチの大物である。昨日、山越え前にショロカンベツ沢で早くも四五センチという大物を釣っていたので、四一センチくらいだと驚かなくなっていた。だが、この後がまだあったのである。

四一センチのイワナにハリを飲まれた私は、関口君に交代しようと後に退って、一生懸命ハリを外していた。その間に関口君は同じポイントを攻めていたのだが、それにまたすごいアタリが来たのだ。

尺三寸と尺四寸が出て、もうここには大型はいないだろうと思っていたのに、大物はまだまだいたのである。関口君のサオはうなりをあげて弓のように曲がっている。だが、魚は泡の中から一向に姿を見せない。

「ぜんぜん水の中から出て来ないんで何が掛かったかわからない。そっちから何か見えないか」

関口君は両手でサオを持って叫んでいる。しかし、魚が浮いて来ないのだから、私にもわかるはずはない。一つだけわかっているのは、とにかくものすごい魚が掛かっているということだけである。

関口君のファイトは二〜三分だったかもしれない。しかし、我々には一〇分以上続いたように感じた。ようやく浮いて来た大イワナは、私の姿を見ては淵の中を所狭しと逃げ回る。そのたびに私はタマアミを持ってあっちこっちとかけ回り、忙しいことこのうえない。

心配そうな仲間の気持ちを察して、慎重にすくい上げた。魚は四六センチのイワナだった。ひどく太っていて立派な型である。恐らく本流から遡ったものであろう。

その後も釣れ続いて、結局、この滝壺だけで十数尾のイワナを釣りまくった。たいした淵でもない所に、これだけの大物が群れているというのは、やはり日高だからだろうか。

時計は二時を過ぎていて、もう滝上を釣る時間はなかった。滝の高さから見ても、上流にイワナがいることは間違いないだろう。だが、私たちはそんな小沢にかまっているヒマはないのだ。明日はさらに本流を詰めて、魚止へ進まなければならないのである。

テントを出たのが昼過ぎだから、わずか二時間ほどの釣りであったが、私たちの釣果は素晴らしかった。尺以下はすべて放流していたにもかかわらず、私が所属している会の制限尾数をオーバーしそうに釣れてしまった。こんなに釣れてはかえって気が抜けてしまう。釣れすぎて面白くないのである。釣りというより、子供のままごとという感じである。

別に持って帰るにしてもそんなにたくさん必要はない。明日から尺一寸以下は放流しよう。持って帰るのは魚拓だけで十分である。私はさっき釣った魚を焼きながら、釣れすぎることから生ずる贅沢な悩みをしているのだった。

翌朝もよく晴れていたが、気分は不愉快そのものである。というのも、昨日はイワナを料理するのに夢中になっていて、日高名物の吸血鬼どもへの注意を怠った私は、何百というブヨの大群に襲われて、一瞬のうちに手足がはれてしまったからだ。

とはいうものの、今日は源流部の魚止を確認するという大事な日である。ひどくはれ上がった足を地下足袋の中に押し込めると、テキパキとパッキングする。

川の水は昨日より大分減っていて、今日は徒渉もできそうだ。ポンウラカワ沢の出合まで快調なペースで進み、これより一キロにわたって続く廊下帯に入った。

川は多少切り立ってはいるが、河岸段丘が発達していて、高巻いてもすぐに段丘の上に出られる。荷の重さが苦になるだけで、遡行は楽勝だ。

サオを出さずに遡行に専念した我々は、九時に廊下帯を突破した。その先は今度は広い河原となっている。九時四〇分、依然として歩き続ける我々の前を、ビロードのように艶やかな毛並みを持ったエゾシカが、悠然と通り過ぎていった。両岸の至る所に、ちょっとした登山道より立派なシカ道が交錯している。それくらいシカはたくさんいるようだ。

一〇時、今日最初の入渓予定地であるパンケ沢出合に到着。沢は三・七メートルの短ザオでも長すぎるボサ川で、水量もあまりない。しかし、こうした小沢こそ大イワナの狙い場なのだ。

私たちはサオを継ぐのももどかしく、超大型イワナを求めて沢の奥へ入って行った。だが、それから十数分後、我々はど肝を抜かれるような光景を目撃することになるのだが、まだ二人ともそんなことは知るよしもなかった。

落ち込みを巨大イワナがいきなりジャンプ

パンケ沢はボサの茂るヤブ沢で、普通の釣り人なら見逃しそうな所である。だが、昨日のポンウラカワ沢の経験からして、こうした小沢の方がいいことを我々は知っていた。本流から遡ったすごい大型がいる可能性が高いからである。

私たちは出合にザックを置くと、サオだけの軽装でパンケ沢に入って行く。ところが、超大物を狙う私のサオに最初に来たのは、なんと六寸くらいの豆イワナである。こんな小さいのは昨日まで一尾だって釣れなかった。しかし、この沢は大きくても七寸級で、そいつがエサを待っているように次々と食い付いて来るのだ。

なんという幻滅。一〇〇メートルほどの間でこのクラスを三〇尾も釣ったろうか。釣っては放し、釣っては放しの連続だが、あまりに数が多すぎて、面倒なことこのうえない。いっそアゴナシバリを使おうかと思ったくらいの入れ食いである。だが、数だけは釣れてもビクに入るようなサイズは一尾もいない。ひょっとすると、この沢には大きな魚はいないのかもしれない、と思い始めた時である。高さ二メートルくらいのちょっとした落ち込みが現われた。下は白泡がうずまく急流になっていて、本流から大型が遡ったなら、まず、この落ち込み下に留まるといった感じの所である。

私たちは、そこを両側から同時に攻めた。しかし、落ち込み下はかなりの急流で、エサは底の方に沈む前に下流へ流されてしまう。私はわずかにできた流れのよどみに、ようやくキジを流し込んだ。対岸では関口君が同じように苦戦している。

その時である。白泡のほぼ中央、ちょうど二本のサオの間から、突然、大砲の弾丸のようなものが跳び出して、白泡の中に再び消えたのだ。魚だ。まるでコイの滝登りのように、落ち込みを越えようとして、大イワナが一メートルもジャンプしたのである。

昔、二〇センチくらいのイワナが滝を登ろうとして跳ねるのを見たことはあるが、こんなすごい魚のジャンプは初めてである。我々が見た魚は四〇センチを軽くオーバーしていた。

私は胸がドキドキしながら、オモリを重くすると、今、魚が落ちた辺りにキジを放り込んだ。だが、五分たっても、一〇分たっても何の音沙汰もない。チンピライワナさえ食い付いて来ないのである。

こういう場合、かなりしぶとい方の私も、さすがに諦めてしまったが、関口君は微動だにせず、アタリを待ち続けていた。

彼は次第にオモリを重くし、最後には親指の爪くらいの大きい物を付け、底にどーんと沈める釣り方を始めた。しかし、それでもアタリはなく岩の上で待つ私はじれったくなって、「そろそろ上に行こうよ」と彼に声をかけた。

関口君は私の声に半ば腰を浮かせながらも、なお数回エサを打ち込み直していた。ところが、その時いきなり彼のサオが曲がり出したのである。

まさか、悪い冗談はやめてくれよ、あれだけ私がねばって食わなかった魚が食うわけはない、あれは根掛かりだ、と私は思った。しかし、根掛かりが動くはずはない。やりとりの後、水面に上がって来た巨大な魚は、間違いなく先ほど見た大イワナである。関口君はそれを落ち着いたフォームでタマアミの中に取り込んだ。魚は尺五寸五分の純粋な居着きイワナであった。

大物を釣るには、一にも二にもねばること、たとえアタリがなくとも、信念を持って釣り続ける、という原則を、このとき、私は身を以て学んだのである。

パンケ沢は落差のあまりないボサ沢で、関口君が大イワナを釣った落ち込みから上は、さしたるポイントもない。あの落ち込みの高さと水量から考えれば、上流に大物が遡っている可能性はほとんどないと言っていいだろう。

私たちは大物が一尾釣れたんだから、その連れ合いがいるはずだとばかり、どんどん上流へ釣り遡って行った。しかし、この沢はいかにもクマの出そうな感じで、不気味なことこのうえない。上流へ行くほどボサが多く、私はホイッスルをメチャクチャに吹きながら進むが、カーブを曲がるたびにクマとバッタリするのではないかと気が気ではない。

もともと私はクマなど平気な方で、クマの足跡を見たくらいでは何とも思わない人間なのだが、この沢はどうにも気味が悪く、ついに途中で堪えられなくなって、一目散に引き返してしまった。

本流に戻ると、再びザックを背負い、釣りながら上流へと向かう。川は非常に広い河原を作っていて、浅い瀬が続いているが、そこに何十尾もイワナが群れている。それを次々と釣り上げて行くので、遡行のピッチは一向にはかどらない。

ペンケ沢出合に着いたのは午後三時頃だった。ここに予定通りキャンプを設けてから、夕食前の軽い釣行とばかり、ペンケ沢に入った。

沢は落差のある良い渓相をしていて、魚もたくさん釣れそうである。私は三・六メートルのグラスロッドに一号のハリスで釣り始めた。沢のスケールからいえば、このくらいの長さのサオで十分である。

ところが、この沢で最初に釣れて来たのは七寸くらいのヤマメである。昨日本流で私が一尾釣って以来、ただの一尾も釣れなかったヤマメが、こんな小沢に遡っていたのである。

結局、この沢で二人で六尾のヤマメを釣った。型は大半が二〇センチ前後で、二五センチを超える良型は一尾だけだったが、このような小沢に遡っているところを見ると、明日攻める予定の魚止滝付近には、かなりのヤマメが遡上しているのではないかと思われた。

ところで、このペンケ沢は出合から五〇〇メートルくらいで三〇メートルの二段の滝に突き当たる。魚止は下段の滝だが、その少し下流の小さな落ち込みの下で、何気なく流した私の仕掛けに、またまた大イワナがヒットして来たのである。

ガクッというショックであわててサオを立てた私は、さほど深くない淵の底の方に、黒い大きな魚が走り回るのを素早く見てとった。

「デカイ、大物だ」

それは先ほど関口君が釣った大イワナに匹敵するか、それ以上あるかのように私には思えた。慎重にやりとりした末に、タマアミですくい上げた時は、私は興奮のあまり顔面が蒼白だったという。

とにかく、私はブルブル震えながら、その大イワナをランディングしたのだった。そして、ビクの中に入れようとしたのだが、なかなか入らない。それもそのはず、ビクの入口が狭すぎて――というよりも、魚が大きすぎて、入口を通れないのである。後で関口君の釣った魚と比べると、残念ながら、わずかに彼の魚の方が大きかった。だが、たった一日で仲良く二人ともが大イワナを手中に収めてしまったのである。ソエマツ沢は、この世の楽園、素晴らしい大イワナの世界だったのだ。

翌八月二日、私たちは朝五時にビバークプラッツを出発した。ここまで来るには長い日程が必要であったが、今、その努力は報われようとしていた。ソエマツ沢の魚止は、もう我々の手の届く範囲にあるのだ。

自分たちの長い影がだんだん短くなるのと競争するかのように、私たちは二俣へと急いで行った。すると、河原を覆っていた霧がゆっくりと昇って行き、その先の方に、不意にソエマツ岳の高い峰が見えた。高所の刺すような寒気も、すでにここにはなく、ただ暖かい陽光が白く輝く石や我々を静かに包み込んでいた。

二俣は水量がほぼ半々に二分しているが、右俣はかなり荒れているように見えたのでまず左俣に入る。はじめはザラ瀬だが、すぐ両岸が迫った廊下帯となり、見違えるように落差が出て来る。

ここからサオを出すと、魚はどこにでもいて、エサを入れれば必ず一発で食って来る。こうなると、釣りの楽しみといった微妙な気分はない。技術もへったくれもなく釣れ続くからだ。

このままのペースで漫然と釣っていると、制限尾数（当時は一日二〇尾だった）をたちまちオーバーしそうなので、昨日よりさらに体長制限を一寸上げて、尺一寸以下は全部放流することにした。関東で尺一寸の魚といえば、年に何尾釣れるかという大物だが、ここではまるで小物の感じしか受けない。大物があまりに続けざまに釣れるので、一〇〇〇匹以上持参したミミズが足りなくなりそうなほどで、途中から一匹のミミズを半分に切って使い始めた。しかし、それでもイワナは全く変わらず釣れ続けたのだった。

魚止滝の下で六〇センチが出るがヒットせず

二俣から二時間ほどでV字状の滝（F1）が現われた。それほど高くはないが、右岸のへヅリはちょっと悪い。数年前に三人の北大生が遭難したというのは、きっとこの滝のトラバースでだろう。我々も墜ちないように慎重に乗っ越した。

滝上も魚の濃さは変わらず、相変わらずの入れ食いが続く。我々は釣っては放し釣っては放しの連続で、上流へ釣り遡って行った。そして、一〇時を少し過ぎた頃、岩の堡塁のような廊下を曲がった先に目指す魚止滝を確認した。

魚止は二段で、前衛滝（F2）は、三メートルくらいの高さで、一〇坪くらいの細長い滝壺を持ち、その背後の三〇メートルの所に、腹の底に響きわたるようなにぶい重量感のある音をたてて落下する滝が少し見えていた。その全貌は周囲の黒々と光る岩に隠されていて見ることはできないが、音と風圧のすごさから、相当高い滝のように思えた。

関口君はこの素敵な場所での第一投を私に譲ってくれた。彼は例のクソカメラ、リンホフをセットして、私が釣り上げる瞬間を撮ろうというのだ。

F2の滝壺は底石が見えるほどなので、まず魚止はF3であろうと、気楽にエサを投げる。ゆらゆらとキジが落ちて行くと、どこからともなく尺三寸級が出て来て、パクリと食い付いた。ところが、水面で暴れまわるこの魚に、突然六〇センチ近いイワナがじゃれるようにからみついて来た。どこから来て、どんなつもりで釣れた魚にじゃれついて来たのか知らないが、ルアーで釣れる魚はきっとこういうタイプなのだろう。

どぎまぎして、第二投。すぐに釣れたが、尺ちょっとである。「お前じゃないよ」と放流する。三尾目も四尾目も違う魚が釣れる。いや、いくらでも釣れるのだが、最初に出てきた六〇センチは一向に釣れない。よくもこんな小さな淵にたくさんの魚がいるものだと、感心するほど釣れて来る。関口君も釣り出したが、同じようにどんどん釣り上げる。

そのうちに、いよいよエサがなくなってしまい、ソーセージを小さく切って釣るが、それでも実によく釣れる。ここのイワナは何でも食ってしまうのだ。

最後のエサとして、私は一〇匹ほどミミズを残しておいた。これでF3の滝壺にいると思われる大イワナを、一発で釣り上げる魂胆だった。

私はF2を攀じると、そっとF3の滝壺をのぞき込んだ。底知れぬほど深く、暗緑色をした淵は四・二メートルのサオではとても届きそうもない。

手尻を長くとった（サオの長さよりも長い）特製の仕掛けに、カミツブシを三重連にし、最後のキジを房掛けにすると、淵の中心に向かって流し込んだ。

しかし、期待に反して目印はピクリともしない。滝の沫をまともに受ける寒い所に、約一時間くらいがんばったが、ついにアタリはなかった。ソエマツ沢の魚止は、立派なF3ではなく、むしろ貧相なF2であると断定した。

自然は時として皮肉である。偉大なソエマツの名に値しないくらいちっちゃな魚止。しかし、それでもやはりその面目だけは十分に保っていた。

この小さな淵だけで、放流した数を含めれば、九寸から尺三寸までで三〇尾以上釣れたからだ。それもほとんどが尺以上の型であった。

左俣の魚止を確認し終えた我々は、さらに右俣へ行こうと、二俣まで戻ろうとした。ところが、その途中で右岸に入る小沢を発見。

さっそく入渓すると、小さなプールで、私が尺五寸の大イワナを掛けてしまった。行きには見落としたくらい小さな沢だったが、こんな所にも巨大なイワナが遡っていたのである。

しかし、本流の右俣の方は、予想した通り、山抜けによる土砂流出で、魚影は段違いに薄かった。約三キロほどの間、土砂に埋まった平川で、魚はほんの申し訳程度にしかいなかったのである。

私たちは右俣の魚止を確認しようと、早いピッチで遡行して行ったが、行けども行けども土砂が続いていて、ついに魚止を確認することを諦めた。こんな沢の魚止など、たとえ探しあてたところで大した意味もないと思ったからだ。

私たちは、それからさらに三日ほどソエマツ沢源流部にとどまって、この沢のほとんどの部分にサオを出した。大きな箱二つにいっぱい持ってきたキジは底をつき、アブやイモ虫、バッタを捕まえたり、毛バリで攻めたりと、ありとあらゆる手段を使って釣りを継続し、なお尺五寸級イワナ数本をものにしたのだった。

日高山脈・豊似川

大アメマスの遡る川

襟裳岬を回って十勝側へ

元浦川ソエマツ沢から七日ぶりに麓の荻伏《おぎふし》に降りた我々は、まず、工藤旅館の風呂に入って、七日間のアカを洗い流した。岩場のホールドを握り続けた指先は、指紋も見えないくらいスリ切れていたし、足も赤くはれ上がっていた。

けれども、体は既に源流の生活に順応しており、風呂からあがると疲労の方はスーッととれて行く感じがした。それに、その夜の食事は豪華そのもので、単純な我々はたちまちルンルン気分になってしまった。

なにしろ、ソエマツ沢での食事は、漬物（たいていタクアン）とイワナの塩焼きだけで、自分が作った食糧計画とはいえ、いい加減うんざりしていた。そこへ、ツブのサシミやジンギスカンと、盛りだくさんの料理が出たので、いたく感激してしまったのだった。

ところで、かのジークムント・フロイト先生も言うように、人間の二大欲望と言えば、食欲と○欲。腹がいっぱいになれば、当然、もう一方の欲が空腹を訴える。

翌朝は観光の名所襟裳《えりも》岬を越えて、黄金道路から十勝側へのロングドライブである。噂では襟裳岬には若い女の子がワンサカいるというので、今日はとりあえず岡釣りということになった。

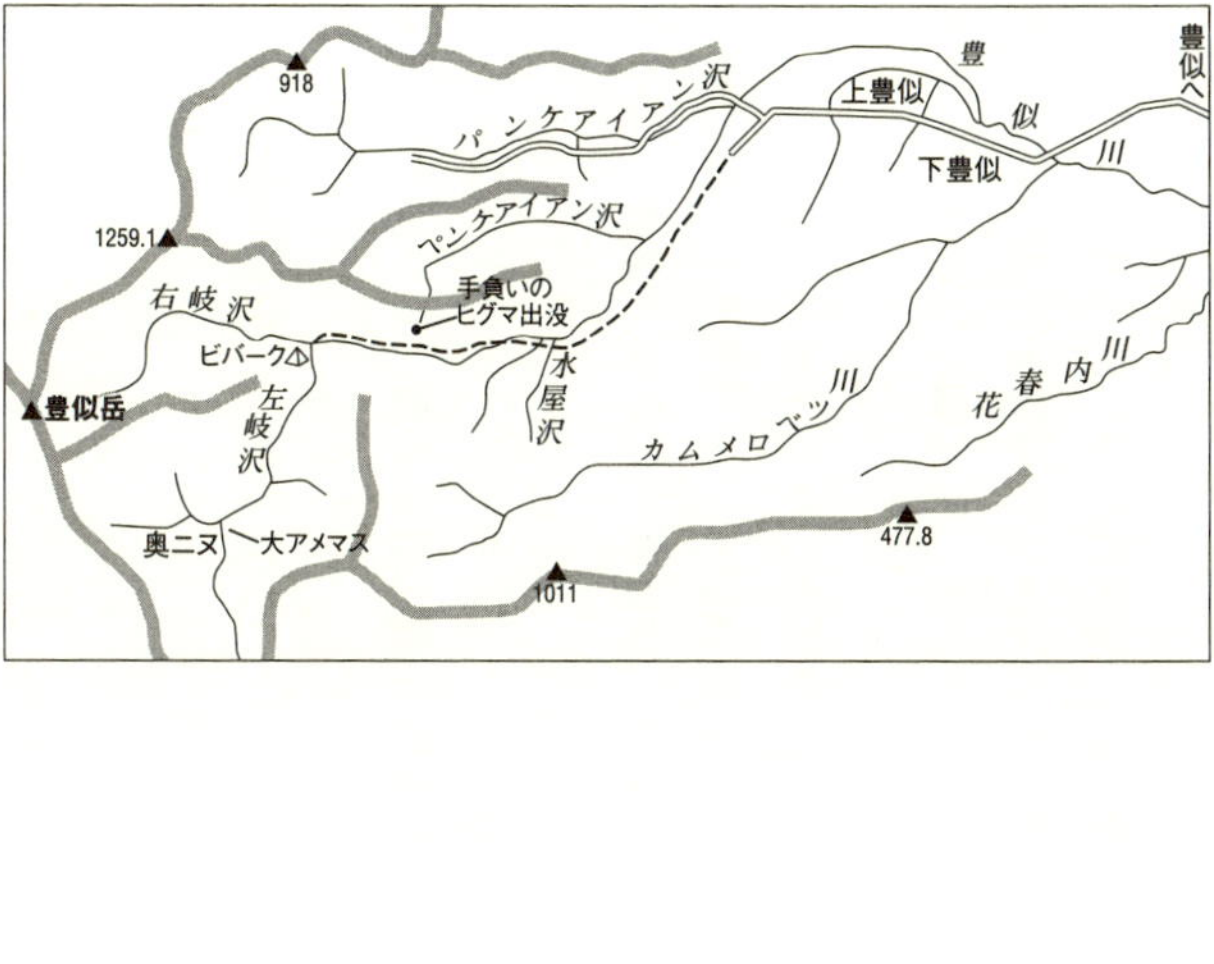

918
パンケアイアン沢
豊
上豊似
豊似へ
似
川
下豊似
1259.1
ペンケアイアン沢
手負いの
ヒグマ出没
右岐沢
ビバーク
水屋沢
豊似岳
左岐沢
カムメロベツ川
花春内川
奥二ヌ
大アメマス
477.8
1011

「襟裳岬へ行けば、きっとかわい子ちゃんがいるし、悪いことないよ」

「魚影じゃなくて、女影が濃いんだ」

「入れパクであってほしいね」

「入れパクなんて表現、ちょっとどぎつくないかい」とかなんとか、くだらない話をしながら工藤旅館を後にした。

途中、幌満《ほろまん》ダムの上流を少し見た後、期待の襟裳岬に着いた。しかし、残念なことに岬は深いガスで何も見えない。その上、ワンサカいるはずのかわい子ちゃんも見えない。

襟裳岬といえば、かなり有名な観光地のはずなのに、森進一ではないが〝何もない夏〟なのだ。ただ灯台があって、「ボボーッ」と霧笛を鳴らしているだけで、かわい子ちゃんどころか、元《もと》かわい子ちゃんさえいないのである。

関口君が言った〝かわい子ちゃんの女影〟は、極めて薄いというか、全く姿を見ず、がっかりした我々は、岬を回り込むと十勝側の百人浜へ着いた。ここは北国の花が色とりどりに咲き乱れたきれいな所で、広い草原には観光用の乗馬もあった。

そこで記念写真なんぞを撮って、再び出発すると、三〇〇メートルほどで、一人のかわい子ちゃんが手を振っている。「オッ、いたぞ。女影発見」と急停車。「ハーイッ。どこまで行くの？」と声を掛ける。

人類愛に燃える我々は、彼女のためなら札幌に戻るのもやぶさかではないという気持ちで車を停めたのだった。いや、それどころか、今夜泊まる所がないというのなら、一緒にホテルに同行（？）してやってもいいという崇高な気持ちにさえなっていたのである。

我々はたちまち、これから展開するであろうラブアフェアを夢見つつ、車を停めたのだった。ところが、車が停まるや、背後のヤブの中から、むさ苦しいヒゲ面の男が二人ゾロゾロと出て来るではないか。

「すみません、ドンドン岩まで乗せてください」と言う。奴らのいけ図々しい言葉を聞いたとたんに、我々の激しく燃えた人類愛は、たちまち雲散霧消してしまった。

「悪いなア。後部座席は荷物でいっぱいなんだ。別な車当たってくれよ」と冷たく言い放つと、急発進する。

「あぶねえ、あぶねえ。この頃の女の子は油断できないなア」

「いま少しでカモられるところだったね」

キリスト様の人間愛は、万物に平等だろうが、私の人類愛は、とりわけかわい子ちゃんだけに激しく現われるのだ。だが、残念ながら、その後もキョロキョロと人間愛に燃える対象を探しつつ走ったのだが、ついにその対象を見つけることはできなかった。

すべてがのどかに推移する牧神の午後

昼食はシニトマン川という小さな川の河口近くでとった。昼食といっても、ラーメンだけである。

関口君は「またラーメンかよう」と文句を言ったが、昨日旅館に泊まったために予算がオーバーしているから、余分な食費はないのである。これ以降、昼食は大半がラーメンかモチのみで過ごさねばならないのである。

ラジウスでお湯をわかす間、テンカラで上流へ釣り遡ってみた。河口近くからヤメがポンポン跳び出て来るが、出るのは一〇センチくらいのチンピラばかりで、ラーメンのダシにもならない。一〇〇メートルほど釣って、これはダメだと思ってサオを仕舞ってしまった。

車に戻ると、関口君が地元の子供たちと遊んでいた。ラーメンを食べる我々を、子供たちは珍しそうな顔をして見ている。きっと「金のない変な連中だ」と思っているのだろう。

コーヒーをわかし、腹がふくらんだところで、二人は木陰にシュラフを広げると食後の昼寝を決め込む。のどかな、牧神の午後のような、のんびりした気分の中で、二時間ほど眠ったが、最高にいい気持ちであった。

日高のダイナミックな海岸線を一路帯広の方向に向かって走って行くと、いくつもの川を横切る。目黒には猿留《さるる》川がある。この川は中型ヤマメが濃いと聞いていた。上流の猿留湖から入渓すれば、かなり期待できそうである。

また、タンネソを過ぎれば、音調津《おしらべつ》川があるし、美幌《びほろ》には美幌川と、広尾町までの海岸線にはたくさんの川がある。しかし、我々が狙う大イワナ、大ヤマメはこれらの川では望めそうもない。

大型を釣るなら広尾以北である。その最初の川が楽古《らっこ》川である。次が野塚《のづか》川だが、この川はあまり釣れないと聞いた。

しかし、北海道で〝釣れない〟というのは、魚が全く釣れないのではなく、釣れはするが、次の魚をビクに入れた時、その前に釣った魚が乾いているくらいのインターバルでしか釣れない時に言うのだという。当時の北海道ではそのくらい釣れるのが当たり前だったのである。だから、よく釣れる川ならば、一日に一〇〇尾以上が普通の釣果なのである。

野塚川から北には豊似《とよに》川、（暦舟《れきふね》）中ノ川、歴舟川、札内《さつない》川と続いているが、これらの川はいずれも当時は道がなく、未開の地だったので、どこもが〝よく釣れる川〟のはずであった。

だが、実際に、これは後でわかったことだが、中ノ川、歴舟川、札内川はいずれも川が大きい割には、それほど魚は多くはなかった。札内川などはアメマス系のイワナはほとんどいず、釣れるのはオショロコマが多かった。

これは日高側の新冠《にいかっぷ》川源流にも言えることだが、この付近がオショロコマの分布とアメマス系のイワナの分布の接点であるらしく、両者の勢力が拮抗《きっこう》し合っているから、魚が少なかったのだろう。もっとも、その時はまだそんなことを知らなかったのだが。

周辺で最高の釣り場は豊似川だと聞いて

そもそも、我々が十勝にやって来た主な目的は、中ノ川を魚止滝まで遡行することにあった。この川の五万図を初めて見た時は興奮のあまりわなわなと震えてしまったものである。道路もなく、長いゴルジュの岩記号が、どこまでも続いた中ノ川は、見るからに未開な大イワナの宝庫に見えたからだ。

しかし、ソエマツ沢での尺ヤマメが不発に終わった我々は、「もうイワナはいいから、尺ヤマメを何としてでも釣りたい」という心境になっていた。中ノ川は上流はイワナだけだろうが、中流部はかなりの大ヤマメがいると私は踏んでいた。

ところが、大樹町の営林署で入山許可証をもらいに行ったところ、中ノ川には砂防ダムが三ヶ所もあり、ヤマメの遡上はできないというのである。

「ダムは大きいんですか?」

「大きいね。下流にデカイのが一つ、上流に一つある」

「サクラマスはそうすると遡れないでしょうか?」

「ダムが大きいから無理でしょう」

営林署の人の話では、中ノ川のヤマメは下流のダムまでで、以遠はイワナとなるが、それも、ものすごく険しい谷で、誰も完全遡行した人はいないという。

「あんたら、東京から来たらしいけど、あんな所、行ったら死んじまうよ。生きて帰れないから」と、いかにも行かせたくなさそうな口振りである。

こういう言葉を聞くと、天《あま》の邪鬼《じゃく》の私は、逆にすぐ行きたくなってしまうのだが、営林署の役人さんは「待て、待て。そんなに急いで死にに行くことはない。今、いい釣り場を探してやるから」と言って、我々の中ノ川行きを引き止めた。どうも、中ノ川というのは相当の川のようで、事故が起こるのを恐れているらしい。役人さんはあっちこっちに電話をしたあげく、「どうやら、ヤマベ（ヤマメ）のいい奴を釣るなら、豊似川がいいらしいよ」と結論を下してくれた。

「堰堤はないんですね」

「豊似の事務所へ電話したら、今は計画中で、一つもないそうだ。でかいヤマベがいるって」

私は中ノ川遡行に後ろ髪を引かれるような思いもしたが、この後、知床半島まで足を延ばす予定もあり、日程的にも楽な豊似川に計画を変更することに異論があるわけではなかった。たちまち、計画は豊似川に変更されたのである。

お役人さんは「それがいい。それがいい。命あっての物種だよ」と、うれしそうに言い、安心したようだった。

手負いのヒグマが出没する危険地帯だった

大樹で食糧の再調達をし、途中の牧場でキジ掘りをする。北海道の牧場には、必ず堆肥置場があり、たいてい、そこは〝大キジの世界〟を形成している。

「こんちわ～ッ。ちょっとミミズ掘らせてくださ～いッ」

と言って、堆肥の所を一五分も掘れば、一週間分くらいのキジはすぐに掘れてしまう。棒でひとかきやると、軽く〝みみず千匹〟なのだ。

食糧、エサの確保を終え、豊似の出張所で入山許可証をもらう。事務所の人は釣りに詳しくなさそうで、ポイント等は知らないようだった。入山許可をもらいに来る釣り人もほとんどいないという。我々にとっては吉報である。

ただ、出がけに、

「サクラマスがいるけど、これは禁漁だから釣らないように……。でも、いつもエサは食わないけどな」

と注意された。

「サクラマスって、たくさんいるんですか」

「うん。落ち込みの下に潜って、水中眼鏡でのぞくと、六〇センチくらいのが結構見える。しかし、海から川に遡ると、彼等は絶対エサ食わないから、釣れないよ」

と言った。

サクラマスが遡るということは、その子供であるヤマメもいるわけだ。これは豊似川は大いにヤマメが期待できそうである。

　我々は大樹の役人さんが、この川を勧めてくれたことに感謝をしながら、豊似から砕石を敷いたばかりの林道を走る。道は造られたばかりで、ローラーでプレスされていないため、ハンドルが左右に取られ、車はひどく蛇行する。だが、さすがに北海道である。林道だというのに、直線距離が四キロもあるまっすぐの道である。

　右岸から支流のカムメロベツ川が合流する少し上で、初めて豊似川を渡った。流れの緩い、水量もなさそうな川だ。

　さらに三キロほど進むと、今度は左岸からパンケアイアン沢が入るが、その少し手前で工事のおばさんたちに呼び止められた。

「ちょっとォ、どこへ行くの？」

「釣りです。ヤマベ釣れますか」

「さあ、どうだか。釣りなんか来る人いないから、魚もいないいんじゃない」

おばさんたちは関口君のスカイラインのナンバーが品川であるのを見ると、

「東京から来たの。物好きだね」

「クマがいるんだよ」別のおばさんが、眼を三角にして言った。

「クマって、ヒグマですか」

「そう。それも手負いの奴がね。危ねえよ」

手負いの暴れグマがいると聞いて、おばさんたちは、我々が引き返すものと思ったらしい。ところが、我々は〝釣り人が全然こない〟という方にだけ注意が向いているので、ただ、うれしそうにニコニコしている。いくらおどしても、一向に奥に行くことをやめそうもないのを知ると、あきれ顔で「度胸のいい人たちだこと」と言って、サジを投げてしまった。

実際、クマさんとバッタリ出会ったら怖いだろうけれど、それだからといって、大好きな釣りを諦めるわけにはいかないのだ。出るなら出ろ、という心境で、我々は豊似川の奥へ進んで行ったのだった。

豊似川の最初の夜は、パンケアイアン沢の中流にテントを張って過ごした。

設営後、夕マヅメの三〇分ほど、パンケアイアン沢に釣りに行く。川は水の流れのあまりない平川で、トロンとした淵が続いている。渓相とも言えないほど平凡な川である。

こんな川でもヤマメはたくさんいるのではなかろうかと、半ば期待しつつ深場を攻めると、すぐに「ググッ」と来た。だが、なかなか合わない。二、三度エサをとられ、最後は「どうしても釣ってやるぞ」とばかりに、執念でエサを流すと、釣れて来たのは何とカジカちゃんである。それも、ショロカンベツ沢で釣ったのと同じ、一〇センチはある立派な奴である。

関口君も頑張っていたが、やはり釣れたのはカジカ。どうやらパンケアイアン沢の中流には、カジカしかいないらしく、三〇分の間に二人で七尾のカジカを釣り上げてしまった。ヤマメちゃんは、ここでは不在であった。

釣りの途中、どういうわけか、川の中を缶ビールがドンブリコと流れて来るのを関口君が見つけた。釣り場で缶ビールを拾うのは、八久和《やくわ》川に続いて二度目である。あの時も大釣りだったので、縁起をかつぐ私は、今回も大釣り間違いなしと思ってしまった。

テントに帰ると、さっそくカジカの塩焼きに、缶ビールで乾杯。冷たく冷えたビールは、北海道のむし暑い渓《たに》では最高にうまかった。下戸の私でも、コップ一杯をひと息に飲みほしてしまった。明日は豊似川の奥を詰めるのだが、きっと大ヤマメの大漁であろうと、早目にシュラフの中にもぐり込んだ。

パンケアイアン沢でのんびりと一夜を過ごした我々は、翌朝、いよいよ豊似川の源流を目指した。今は二俣の先まで林道ができてしまったらしいが、我々が行った時は、まだ、水屋沢の少し手前までで、あとは小さな踏み跡程度の道が続いていた。

深い笹の中につけられた小さな道を歩いて行くと、途中で関口君が立ち止まった。何かヤブの方をじっと見ている。

「何？　クマ？」と尋ねると、

「エゾライチョウだ」と指さした。

一〇メートルほど先の木の上に、鳩ほどの大きさの鳥が止まっていて、こっちを見ている。鳥のことには皆目素人の私は、ライチョウというのは、ズングリムックリのアヒルみたいな姿をした鳥ではないのかな、と思っていたが、これはどう見ても私の知るライチョウとは似ていない。

関口君は歩きながら、いろんな鳥の名前を教えてくれる。彼はハンティングをやっており、そっちの方の知識は素晴らしいのである。だが、私はヒッチコックの名画「鳥」を見て以来、どうも鳥類というのは好きになれない。

あの、ティッピー・ヘドレン（古いかなァ）を襲う鳥どもの不気味さを連想してしまうのだ。だから彼が鳥を見ようと立ち止まるごとに、鳥以上に恐いもの、すなわちクマが出たのではないかと思って、ドキドキしてしまうのである。

ヤブの中からいきなりヒグマが……

豊似川の本流へは、車を降りて二〇分ほどで着いた。そこは高いゴルジュになっており、川へ降りるのが少々やっかいだった。重い荷を背負ったまま、木につかまりながらも、ようやく谷底に着く。

これから上流へ進むには、左岸側にある道を行け、と営林署のお役人さんは教えてくれたが、なるほど、左岸にトレイルが続いている。

しかし、その道を再び歩き始めて、三〇分も過ぎた頃、突然、右手の笹の斜面が激しい音とともに大きく揺れ、何かバカデカイ動物が、ものすごい音をたてて上の方へ走って行った。

「クマだアーッ!!」

びっくりした私は、思わずそう叫んでしまった。

それがあまりに足元近くから突然跳び出たので、我々の驚きようったらなかった。確認したわけではないが、笹の猛烈な揺れ方と、重量感のある音やスピードから見て、それは多分、クマであったろう。

手負いの凶悪な奴かどうかは不明だが、きっと、ヤブの中で昼寝かなんかしていたところへ、変な連中がやって来たので、「クマ汁にでもされちゃう」と思って、あわてて逃げ出したのだろうか。

　クマ公の方も怖い思いをしたろうが、当方とてそれは同じ。我々は足がすくんで、逃げることもできず、立ちつくしていたのだった。

「ヤベェーなア」

　二人は顔を見合わせた。さっき、ヒッチコックの鳥が人を襲うシーンを思い出したばかりの私は、今度は手負いのクマが本当に我々を襲って来る気がしてならなかった。踏み跡は、なおうす暗い笹ヤブの中に続いていたが、そこを進むにはかなりの度胸が必要である。さっき逃げ出した奴が、「うまそうな人間どもだったな」と思い直して、ヤブの中で待ち構えていないとも限らない。

　先へ進むには、その道はあまりに気味が悪すぎたのである。

だが、左手に見え隠れする豊似川は、明るい河原で、素晴らしい渓相が続いている。クマさんのいる暗い道を行った方がいいのか、多少歩きにくいがクマの恐れの少ない河原を歩く方がいいのか、考える必要はなかった。

　我々は急いで谷底へ降りて行くと、そこでサオを継ぎ、上流へ釣りながら遡行を開始した。普通の人ならクマが出たらすぐ引き返すことだろうが、釣りバカの我々は、引き返すことなど考えもせず、爆竹をドカンドカンやりながら上流へ遡って行ったのだった。

豊似川はなかなか水量のある川で、渓相もいい。しかし、魚影はイマイチでアタリも遠い。二人して一時間ほどで数尾ずつのヤマメを釣ったにすぎなかった。

落差のある渓をどんどん釣り遡って行くと、途中で上流から降りて来る一団と出会った。最初はまたクマかと思ったが、近づくと、大きなキスリングを背負った一〇人ほどの山男たちである。聞けば秋田大学の山岳部だそうで、日高山脈を縦走して来て、「一七日ぶりに他の人間と出会った」のだという。リーダーらしき男は小さなアタックザック一つで元気満々だが、新入生らしい数人は、四〇キロはありそうなキスリングの重さに、今にもつぶれそうな姿をして、かわいそうなくらいシゴかれていた。

彼等は前日、左岐沢の中流でビバークした時、「こんな大きな魚を釣った」と言って両手を広げたが、その幅は七〇センチはある。そんなデカイ魚が、テントのすぐ近くでちょっとサオを出したら釣れたというのである。

「そんな大きいなら、それはサクラマスではないか」と聞いてみたが、彼等は、釣りは素人のようで、魚が何者であるのかはわからないらしい。しかし、とにかくとてつもなくデカイ魚であることだけは確かだ、というような意味のことを言った。

私たちは彼等から上流部の詳しい情報を教えてもらった代わりに、左岸沿いに道があるから、苦労して川通しに進むことはない、と教えてやった。

彼等は道の存在を知ると、いそいそとそっちの方へ攀じ登って行った。しかし、私たちはクマのことは黙っていた。ま、連中は人数もいることだし、一人や二人食われたってたいしたことはないだろう。それに奴らの方にクマが注意を向けていれば我々は安全と思ったのである（その後、新聞を見ても何も書かれていなかったから、彼等は無事に着いたはずである）。

三五センチの大ヤマメはバラしてしまう

二俣にはお昼頃着いた。水量は左岐沢の方が多い。私は合流点の高台にテントを設営しだした。その間、関口君がサオを持って、目の前のポイントを攻める。すると、「オーッ！」という叫び声が聞こえた。まさか、またクマでもないだろうと思っていると、彼が息を切らせてやって来て、

「デカい、三五センチはあるヤマメをバラした」と言っている。

彼によれば、三段になった落ち込みの最上段で、ものすごい幅広の大ヤマメを掛けたのだが、下の段まで走られて、イトを切られてしまったというのである。

フムフム、やっぱりこの川にはデカイヤマメがいるぞ。我々は素早く設営を済ます

と、まず、右岐沢へ入ってみることにした。右の方は水量が少ないが、左岐は先ほど、秋田大の連中が歩いているので、こっちの方が有利と読んだからだ。

だが、なぜか魚は薄く、釣れて来るヤマメはすべて一五センチ以下の放流サイズばかり。一時間ほど釣り遡った所で、さっきの大ヤマメが忘れられない関口君の意見を入れて、再び本流に戻った。

関口君は大ヤマメが逃げた淵でしばらく釣っていたが、二五センチくらいのイワナを一尾追加したのみで、本命はアタリなしであった。

私は上流へ釣り遡って行く。川は開けていて、とても釣りやすい。少しでも深い所にエサを入れると、必ずといっていいほどアタリがあるのである。

釣れて来るのはほとんどがヤマメであるが、これが特筆すべき姿をしている。元浦川のショロカンベツ沢で釣ったのと同じく、腹が異常にふくらんだ、ヘラブナのような姿をしている。型も二三センチ前後で、なかなかのものである。

左岐沢に入ってすぐの所で、私が尺近いヤマメを掛けた。幅の広いボリュームのある体を目いっぱい使って、暴れ回った末に、そいつをタマアミの中へ入れた時には、てっきり尺ヤマメと思って、私は思わず、「バンザーイ、バンザーイ」と言って、躍り上がってしまった。

しかし、メジャーをあてると、残念なことには二九・五センチで、尺には五ミリ足りない。結局、五ミリの壁というのは強烈で、これを越えるのは容易ではないのだ。そして、翌日、私は同じように五ミリの壁にまた泣くことになるのである。

翌朝、左岐沢を昨日納竿した所から釣り遡って行く。渓相は良く、ポイントというポイントでは、必ずと言っていいほどアタリがある。魚影の濃さは抜群である。

ほとんどがヘラブナ型をした、幅広ヤマメで、イワナは少ない。一つのポイントで釣ろうと思えば何尾でも釣れるが、源流の魚止を確認する目的があるので、一つのポイントで一尾ずつにしないと、時間ばかりかかって、一向に先に進めない。

一時間ほどで、秋田大のパーティが昨日キャンプした跡に到着した。その時、先を歩いていた関口君が、「な、な、なんだ、これは」と、すっとんきょうな声を出した。見ると、水辺に数尾の切り落とされた魚の頭が残っている。そのうちの一つが恐ろしくデカイのだ。

「この頭は本当に七〇センチくらいあるぞ」

「嘘じゃなかったんだ。でも、これイワナかなあ」

「黒く焼けているから、よくわからんけど、そうじゃないの」

「いるんだね、こんな化け物が」

私たちは、その頭のあまりの大きさにあきれはててしまったが、気を取り直すと再び上流へ釣り遡って行った。

源流部で四八センチ、四九・五センチの大アメマスを連続キャッチ

「おい、そこはさっきイワナ一尾釣ったから、別なポイント釣った方がいいぞ」

関口君が後から来て、私が今しがた中型のイワナを釣ったポイントにサオを出そうとしているので、そう忠告した。

一つのポイントで一尾のペースを崩したくなかったのである。ところが、私の声が聞こえなかった彼は、何気なくそこにエサを投入した。そのとたん、大物が来たのである。

目印が止まり、彼は片手で軽くサオをあおった。最初は根掛かりのように全然動かなかった。ところが、しばらくして、急に底の方で何者かが暴れ出したのである。

関口君は両手でサオを持ち、魚の引きに耐えている。引きの強さから、私は最初、サクラマスが掛かったものと思ったが、しばらくして水面に浮いて来た魚は、巨大なアメマスであった。

それは明らかに海から遡上した、降海型のイワナのように見えた。ソエマツの大イワナとは明確に違う、背中の虫喰い模様が非常に鮮明な姿をしている。一言でいえば、まるで川の中をサバが泳ぎ回っているような感じなのだ。

「おい、こいつがアメマスじゃないの?」

と私が言うと、

「うん、わかった。でも、オレの力じゃ取り込めそうもない。タマアミ頼む」

と関口君が言っている間に、アメマスは驚いたことに、上流へどんどん走ると、なんと一メートルはある落ち込みを泳いで上に遡ってしまったのである。

しかし、これが運のつきで、上流は浅く、うまく泳げない。そこで奴は私のタマアミにすくわれてしまったのである。

「ヤッターッ」

関口君が叫ぶ。

すぐメジャーで測ると四八センチある立派なアメマスであった。

関口君に今回も先を越された私は、多少アセリが出て来た。だが、それもすぐさま解消されてしまった。大物のポイントから一〇〇メートルほどで二俣になり、左の沢に入った所で、今度は私のサオに大物が来たのである。

私が掛けた所は、ちょっとした落ち込みで、水深はあるが、狭い壺状の場所である。

アタリは大物に比して小さかったが、引きは強烈だった。しかし、何分にも、場所が良かったせいか、魚はあっ気ないほど簡単に浮いて来た。

さっきと同じく、背中の虫喰い模様がはっきりしたアメマスである。私はタマアミを関口君に渡し、彼にすくってもらう。

「ヤッターッ、ヤッターッ」と、私も関口君に負けずに躍り上がって喜んだ。

そして、すぐメジャーを出して、計測にかかった。

魚は四九・五センチだった。五〇センチには五ミリ足りない。昨日に続いてまたまた五ミリの壁に泣き、五〇センチの大台に乗ることができないのだ。

私たちは二俣の所に二本のアメマスを置いていくことにした。魚が大きすぎて、さすがにテンダーの大型ビクでも入らなかったからだ。

左の沢を詰めて行くと、どんどん水が少なくなり、ついにアタリが絶えたので、急いで戻って、今度は右の沢へ入る。

ところが、ここでまたまたハプニングが生じた。入ってすぐの所で、再び私のサオに大アメマスが掛かってしまったのだ。最初に関口君が釣った所から、数百メートル以内で、三尾も釣れて来たのである。何という大物の濃さであろうか。

しかし、最後に掛けた奴は、相当の強者で、水面に浮いてから、メチャクチャに暴れ回った。私は一・五号のハリスをよいことに少々強引に手前にそれを引き寄せようとしたのだった。

その瞬間、「ポキッ」という音がして、サオが折れてしまったのだった。ソエマツ沢で折れた所を応急補修したのが不十分だったのだろう。そこから再び折れてしまったのである。

大アメマスは穂持ちの部分を付けた仕掛けを背負いながら、サーッと深い所へ泳いで行った。私は急いで折れた部分をつかもうとしたのだが、タッチの差で間に合わなかった。

ところがアメマスも運が悪い。イトがどこかへ引っ掛かったのだろう。淵の底の方で逃げられずにクネクネと暴れている。私は予備のサオに重いオモリに付け、仕掛けを引っ掛けようと試みたが、うまくいかない。

「帰りに取ればいいよ。あれだけ弱っていれば逃げないだろう」

という関口君の言葉に従って、まず、右の沢の魚止まで行ってから、帰りに本格的に捕まえることにしたのだった。

しかし、右の沢から戻って来た時には、もう大アメマスはどこかへ逃げてしまい、陰も形も見えなくなっていた。

イトを切ったのか、ハリを外したのかわからない。

とにかく、私が右の沢へ行く時は、グッタリして、暴れる元気もなかった大アメマスは、見事にどこかへ消えてしまっていたのだった。

しかし、二尾の大アメマスをザックに収め、ビバークプラッツへ戻る私たちの足どりは、驚くほど軽かった。

知床半島・フンベ川

北の渓の宝石・
オショロコマ

大漁の豊似川から知床半島へ

五〇センチをわずかに切る大アメマス二本に幅広のヤマメをいっぱい釣ってしまった私たちは、意気揚々と豊似《とよに》川を後にした。

元浦川のソエマツ沢といい、豊似川といい、大漁続きである。北海道の川が、すべてこんなではなかったのだろうけれど、少なくとも私たちが入った日高の川は、想像を絶するくらい魚の濃い所ばかりだった。釣れて来る魚の型も数も素晴らしい。

一日に四〇センチオーバーが何本も釣れる川が他にあるだろうか。私はあらためて北海道の、いや、日高地方の渓流群の釣り場としての価値の高さを確認したのだった。今の日本でこれほどまで優れた釣り場は、日高以外には絶対ないと思ったのである。

だから、計画を終えて、日高を後にしようとしている私たちは、まだ、そこを去り難い気持ちであった。というのも、私たちは全行程一六日間という計画の中でとってあった予備日が三日間ほど残っていて、それをどの釣り場に振り向けるか迷っていたからである。

日高の谷がこんなに釣れるのなら、他の川、例えば中ノ川や静内《しずない》川のような所へ入渓するのもいい。しかし、今年の北海道行は、来年以降の長期的な釣行《ちょうこう》計画の展望を開く偵察の意味もある。その点から言えば、全く異なった地域へ行った方がいいのだ。

オホーツク海
チャシコツ崎
宇登呂
斜里へ
ペレケ川
フンベ川
オショコマナイ川
770.1
734.0

私たちは悩んだ末に、残った三日間を知床半島の探釣に向けることにした。襟裳《えりも》岬に戻って、静内川や新冠《にいかっぷ》川を釣るのも魅力的だが、それ以上に、私には知床に興味をひかれるものがあった。それはオショロコマである。

日本では北海道の一部にしかいないオショロコマを、関東にいる私たちが釣り上げるチャンスというのはほとんどない。せっかく北海道へ来ているのだ。ここは知床まで行ってオショロコマを釣るべきだ、と判断したのだった。

オショロコマという魚は、日本では北海道の限られた地域にしかいないが、世界的には非常に重要なイワナの種類で、アメリカではドリーバーデンという名前で呼ばれている。

北海道のイワナが、赤系統の斑点が全くない、白斑ばかりのアメマス系に対し、オショロコマの体側には、鮮やかな赤点が散在しているという。型は小さいが、知床半島まで行けば、美しいオショロコマが釣れるというので、私たちは次の目標を知床に向けたのだった。

豊似川沿いの林道を抜け、豊似のT字路で国道二三六号に出ると、左折し、帯広方面へ走り始めた。

当時、ここは国道とは言っても、広尾町より南の海岸線は未舗装の部分が多かったが、それより北は田園地帯を走る快適な舗装道路が続いていた。

私たちはまず、大樹《たいき》町の歴舟《れきふね》川の広い河原に車を乗り入れると、一三日間の泥をかぶって汚れきった車を洗った。さっぱりしたところで、信号のほとんどない、まっすぐの道を帯広へ、帯広へと向かって行く。

帯広へ着いたのは夕方である。市内はちょうど七夕《たなばた》で、至る所に屋台が出ている。

私たちは例の通り、まず銭湯を探す。車で走るとなかなか見つからないが、帯広駅前から十勝国道沿いに向かう途中で風呂屋を見つけた。

車がさっぱりしている以上、私たちだってさっぱりすべきだ。いくらうす汚いイワナ釣り師とはいえ、身だしなみというものがある。

豊似川でのアカを洗い流し、きれいにヒゲを剃る。セッケンの臭いが、ぷーんとして、何ともいい気持ちである。

だが、スタイルだけは相変わらず、ヨレヨレのTシャツにジーンズのショートパンツにゴムゾウリ。関口君もバミューダにゾウリである。これでは襟裳岬以来の目標である〝カワユイ観光客の女の子〟にはモテそうもない。

風呂から出たところで、次は飯だ。これもいっちょうふんぱつして、ちょっと飲み屋風のレストランに入った。

ところが、そこは何か帯広に住む芸術家たちのタマリ場、といった雰囲気の店で、私たちが店内に入ると、一瞬、客の好奇な視線が集まった。

「な、な、なんだ。あの汚い連中は……」

「フムフム、およそ文学とか芸術なんかとは無縁な連中だな」というような顔をした芸術家風の客たちが、私たちを一斉に見つめているのである。

私たちが小さくなって食事をしている間中、その人たちは、ジェームス・ジョイスがどうしたの、マラルメがどうだの、というような高尚な内容の話を声高に喋っていた。

ところが、人というのは外見やちょっとした仕草で判断すべきものではないようだ。私たちは、ここから阿寒を経て知床へ向かおうとしていたのだが、阿寒までのコースをこの店の主人に聞いたところ、その芸術家集団が、とことん親切に道を教えてくれたのである。

東京から車で来たと言うと、当時としてはまだ珍しかったのだろうか、「三鷹の町はどう変わったのかねえ」などとなつかしみながら、阿寒、摩周の観光案内までとうとうと語り始め、私たちに出掛けさせてくれないのである。

北海道の人々は、親切な人ばかりである。どこでどんなことを聞いても、こと細かく教えてくれる。地図を書くのは序の口で、ちょっとわかりにくい所だと、そこまで同行して教えてくれるのである。

芸術家集団に教わったところでは、帯広から阿寒に至るには、二つの道があるという。一つは士幌線に沿って北上し、上士幌町から足寄町《あしょろ》を経て阿寒湖へのコースと、もう一つは帯広から国道三八号線を東へ出て、池田町から足寄町というコースである。地図の上では二つのコースは同じくらいだが、私たちは前者、上士幌から足寄というコースを選んだ。

足寄町には利別川《としべつ》があり、支流には足寄川がある。この川の源流域は、当時ほとんど知られていなかったため、私たちには有望な釣り場に思えていたし、更に東側の庶路川《しょろ》、茶路川《ちゃろ》の上流も有望そうに見えた。今回は、その辺りの偵察の意味もあったのだ。

阿寒湖畔に着いたのは、夜の一〇時過ぎだった。勿論、もう宿屋はやってない。湖畔にテントでも張って寝るつもりだったが、キャンプ場はすでにキャンパーでいっぱいである。静かな場所でゆっくり足を伸ばして寝たい、という私たちの希望は今日もかなえられず、狭い車の中できゅうくつな一夜を過ごさざるを得なかった。

翌朝、阿寒湖の周りで、アイヌ部落や木彫のクマ、民芸品などを見て、ひと通りの観光をした後、摩周湖へ向かった。ここは霧の名所であるそうで、第一展望台という所へ行ったが、一体どこに湖があるのやら、霧で何も見えない。だが、霧は摩周湖のすぐ近くにだけあるらしく、憎らしいことに、摩周湖から少し離れると、ドピーカンの青空である。

途中、屈斜路湖と川湯温泉を通って、小清水峠へ向かう。この峠を越えれば、いよいよオホーツク海。オショロコマの待つ知床半島はすぐ近くである。

地味な単色に包まれた暗いオホーツクの海鳴り

オホーツク海を初めて見たのは、私がまだ高校二年生の時である。高校一年の時「一人で北海道の山を登りたい」と言ったら、学校の先生や両親に猛反対されて計画をつぶされたので、その翌年は、誰にも言わずに、たった一人で北海道へやって来たのだった。

あの時は、標津《しべつ》から羅臼《らうす》を経て、羅臼岳を一人で往復したが、静かなオホーツク海と、国後島《くなしり》の黒いシルエットが、まだ感情形成期にあった私に深い感銘を与えた。

そのオホーツクが、今、私の前に再び現われていた。だが、今日のオホーツクは、一七歳の時に見た、あの静かな、鏡のように滑らかな海ではなかった。左手に広がる海は荒々しく、低い笛の音のような海鳴りが、絶えず聞こえていた。オホーツク海は、黒潮の吸い込まれて行くような濃い藍色の海とは違った、地味な単色に統一されていた。

それは、帯広の芸術家たちが話していたハンス・エーリッヒ・ノサックやギュンター・グラースの小説に出て来る北ヨーロッパの海のように暗く、何かとりまとめようのない希薄な色をしていた。それでいて、海に向かうと、オホーツクは、恐ろしいまでの存在感を私に与えるのだった。

斜里で食糧を調達した私たちは、知床半島へ向かって走って行く。最初に見たのは金山川である。ここは五万分の一地形図ではかなり有望そうに見えたが、残念なことには、禁漁の立札がある。

次に、オンネベツ川に向かうが、ここも同じようにサケ、マス類の捕獲禁止河川となっていて、入口には監視小屋がある。私たちは、禁漁を犯す気はなかったが、一体どんな川なのか、ちょっと上流を見てみようと、車を林道の中に進める。

すると、すぐ監視員が出て来て、私たちの車のナンバーを見ていた。少し上流へ行った所ですぐ戻ったから良かったものの、二〜三時間帰って来なかったら、たちまち密猟者として通報されてしまいそうである。

とにかく、北海道の河川管理というのは厳しく、その点では釣り場はよく保たれていると言えよう。ただ、知床の川で問題なことは、行く川行く川のほとんどが禁漁で、釣り場がないのである。

そんなことを繰り返すうちに、まもなくウトロという地点まで来てしまった。このままでは、今日は一日中釣りをしないことになってしまいそうである。

ところが、あと数キロでウトロという所で、車を走らせる関口君に、

「停めてーッ。ちょっとバック、バック」と、私が叫び出した。

よそ見していたら、まずわからなかったろうが、小さな橋らしきものを渡ったことに私が気が付いたのである。

スカイラインは急停車し、橋の所まで戻って来ると、確かに川がある。橋のたもとには、フンベ川と書いてあった。川幅が一メートルもない、ものすごく小さな川、というよりは水がわずかに流れた窪地といったような感じの所である。

「こんな川に魚いるのかしら」

「でも、禁漁ではなさそうだね」

「当たり前だろう。こんな川、禁漁にしたって意味ないよ。しかし、魚はいるかもしれない」

「ちょっとサオを出してみようか」

「あまり期待はできないけど、やるか」

二人は、橋の上でしばらく話し合った末に、試しにサオを出してみることにした。ただ、困ったことにはエサがない。

北海道ではエサは道端の牧場の堆肥を掘れば、いくらでもとれるのだが、この時は先を急ぐあまり、エサを掘っておくのを忘れてしまったのである。

仕方ないから、エサは川虫をとることにして、橋の所から川に降り立った。橋の二〇メートルほど先は、もうオホーツク海である。その河口の所で、二人は川底の石を起こして川虫とりを始める。

その後も私はずっと渓流釣りをやっているが、河口の波打ち際で川虫をとって、すぐに釣り始めたのは、このフンベ川以外にはない。河口で川虫がとれることからして、さすがに知床という感じだ。

川虫はほとんどが黒川虫であった。それも七~八センチはあるバカデカイ奴だ。

「こんな大きいんじゃ、尺物でないとね」と、私は言いながら、それをエサに、河口から一〇メートル上流の、最初のポイントに投餌《とうじ》した。

驚くべき数のオショロコマの群れ

フンベ川は水の少ない川で、ポイントといっても小さな水溜まりのようである。そこに黒川虫を投げると、どこからともなく黒い影が走った。

「来たッ」と言って、私はアワセをくれる。だが、いいアタリなのにハリに掛からない。アワせそこなったのである。そこで、再び同じポイントに投餌する。

すると、エサが沈んで行くのに向かって、たくさんの魚が一斉に出て来るのが見えた。その直後にまたアタリがあったが、やはり合わない。

三度目に投餌した時は、アタリがあってもすぐアワせないで、送り込んでやることにした。すると、上流から流れて来た目印は、チョン、チョンというアタリが連続して続く。小さな魚が、次から次へと餌にアタックするのだが、黒川虫が大きすぎて、口に入らないのだ。

そのうちに、大きな引き込みがあったところでアワせると、ハリに掛かって来たのは、五センチくらいのヤマメである。

小魚の正体はヤマメの群れだったのだ。だがこのヤマメ、小さいがよく見ると稚魚ではない。腹がぷっくりとふくらみ、既に成熟しきった姿をしている。川が小さいのと、魚の数があまりに多すぎるために、体長五センチでもう親魚になっているのである。こんな奴が、このフンベ川には、無数にいるのだ。

私と関口君はエサを大型の黒川虫からチョロに変えると、小ヤマメが入れ食いとなった。これを釣っては放し、釣っては放し進んで行くと、一〇〇メートルほど上流で急に大きなアタリが来た。

アワせると、一八センチくらいの黒っぽい魚が掛かっている。オショロコマである。見た感じはイワナに似ているが、体側には鮮やかな赤点とパーマークがある。それに腹がやや黄色っぽい。

オショロコマは、北海道のアメマスとも、本州のイワナとも明らかに違った独特の姿をしていた。しかし、一五〇〇キロ以上走って釣り上げたにしては、それほどの感激も感じられなかったのは、魚の型があまりに小さかったからだろうか。

私たちが釣った最大は二〇センチ。平均サイズ一五センチで、河口のチンピラヤマメよりわずかに大きいサイズでしかなかったのだ。

その夜、ウトロに泊まった私たちは、元浦川から豊似川を経て、地の果てまでやって来たコースを思い出しながら、シュラフの中にもぐり込んだ。

ソエマツ沢の小沢でジャンプした大イワナや、ものすごい数の魚がたまっていた魚止滝。豊似川の奥二俣で連続して出た五〇センチ弱の大アメマス。そして、フンベ川のオショロコマたち。渓流釣り師にとっては最高のパラダイスとも言える場所が、走馬灯のように私の頭の中を次々と横切っていった。

明日からは、そのコースを順番に元に戻って、東京まで帰り着かねばならないのだ。しかし、私は東京に戻ることよりも、今度はいつまたこの北海道に戻って来れるのか、それだけを考えていたのだった。

朝日連峰・三面川高根川、猿田川

山越えルートによって開けた新しいイワナの世界

大物釣りへの方向転換

一六日間に渡った最初の北海道遠征釣行《ちょうこう》は、私にとっては大成功だった。目標であった五〇センチオーバーには、五ミリ足りない型しか釣れなかったが、型、数ともに望みうる最高の成績を収めたからだ。

これは、当時の北海道がまだ渓流釣り場としてはほとんど未開拓で、誰もサオを出したことのないような処女地で釣りができたという幸運にもよるが、その一方で、大鳥川から八久和《やくわ》川を経て、次第に確立していった、私なりの源流遡行法の成果でもあった。

一介の登山者から、渓流釣り師への転身。渓流釣りの中に、できるだけ登山の要素を組み込もうとした結果、普通の釣り人が足を踏み込まないような源流ばかり釣行する人間に私は変わっていたが、この北海道釣行以後あたりから、私の渓流釣り観は、再び変化しつつあった。

私は源流志向者であるとともに、大物志向者にもなりつつあったのである。

釣りの楽しみ方には色々ある。数を釣ることは重要ではあるけれど、それ以上に型の良い魚を釣りたい。それも半端な大きさではなく、とてつもなくデカイ奴を釣りたい。私はこう思い始めて来ていたのである。

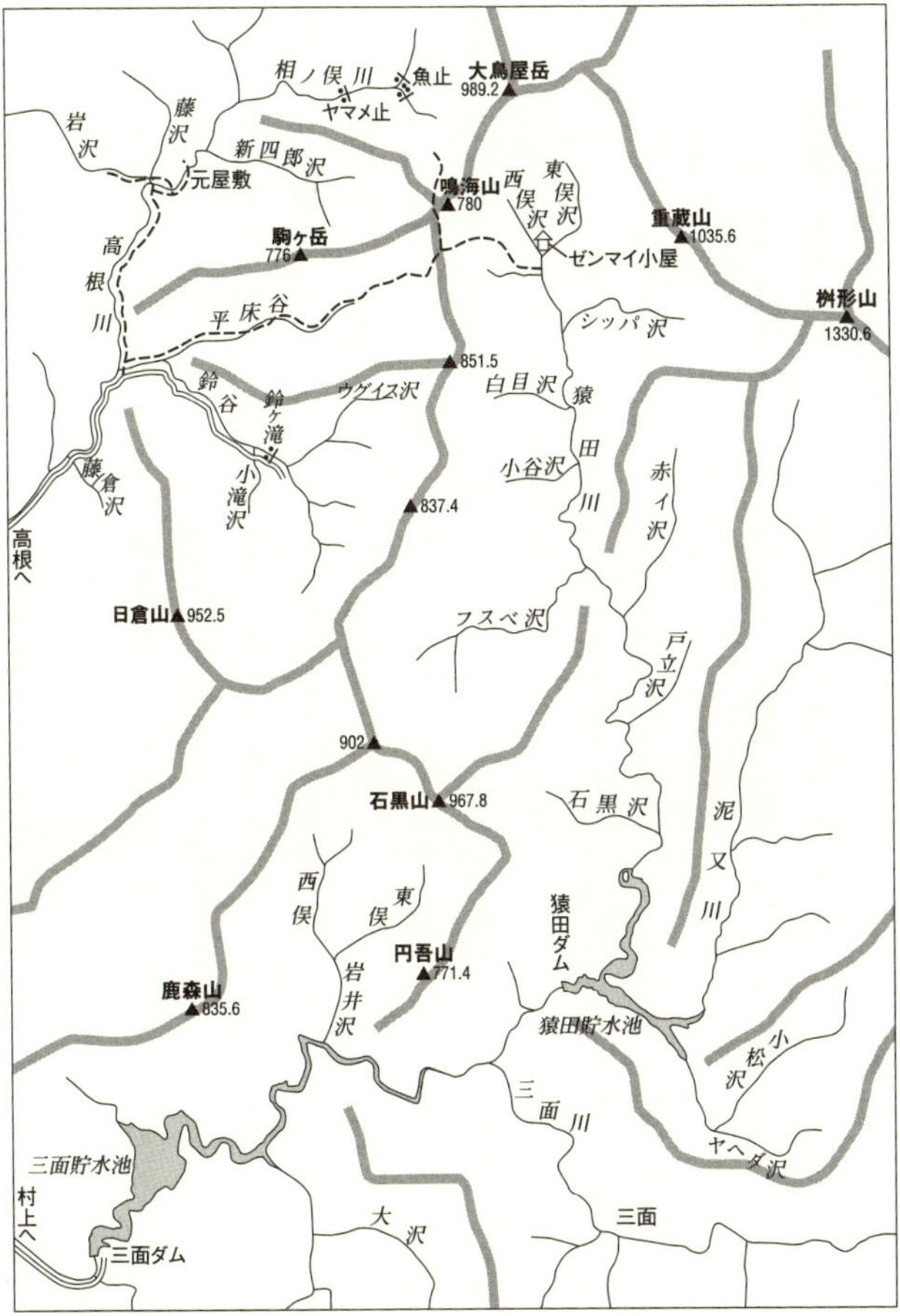
大鳥屋岳
989.2
相ノ俣川
魚止
ヤマメ止
藤沢
岩沢
新四郎沢
元屋敷
鳴海山
780
西俣沢
東俣沢
重蔵山
1035.6
ゼンマイ小屋
駒ヶ岳
776
高根川
平床谷
シッパ沢
桝形山
1330.6
851.5
鈴谷
鈴ヶ滝
ウグイス沢
白目沢
猿田川
小谷沢
藤倉沢
小滝沢
837.4
赤イ沢
高根へ
日倉山
952.5
フスベ沢
戸立沢
902
石黒山
967.8
石黒沢
泥又川
西俣
東俣
猿田ダム
円吾山
771.4
岩井沢
鹿森山
835.6
猿田貯水池
小松沢
三面川
ヤヘダ沢
三面貯水池
村上へ
三面ダム
大沢
三面

一日に一〇〇尾釣ろうが、二〇〇尾釣ろうが、それは数の延長でしかない。たくさん釣りたいのは、釣り人なら誰もが持つ気持ちである。しかし、釣れすぎるのも問題だ。贅沢な悩みかもしれないが、源流地帯で中型の入れ食いにあったりすると、釣りに対する私の〝思い込み〟は、ひどくぞんざいなものになってしまう。それよりは、一尾だけでもいいから、私の心を強烈に燃焼させてくれるような大物と出会いたいのだ。ハリに掛かった瞬間から激しく暴れ回る大イワナとの戦いこそ、私が求めて来たものの根底にあると気付いて来たのである。

たとえ一日で一〇〇〇尾のイワナを釣ったとしても、一尾の大イワナを釣った時の感激の深さには、到底及ばないのである。むしろ、たくさん釣れば釣るほど、数を釣ることの馬鹿臭さがわかって来たのだ。

それに、実際問題として、本流釣り場を別とすれば、我々には一日に一〇尾とか二〇尾といった制限尾数がある。それを無視する人間は別として、数だけを追う釣りには限界がある。

もっとも、制限の数も釣れず、「たまには制限尾数くらいの数を釣りたい」と、それが目標数になっているような未熟な釣り師は論外ではあるが、私の釣りは、数よりまず大型という方向に変わっていったのである。

これは余談になるが、数年前、地元の渓流釣り名人と呼ばれる方を紹介された。渓流釣り歴四十数年というその方は、私よりはるかに先輩で、腕も確かなようであった。

彼は私が大物志向派の釣り師と知ると、「釣りはしょせん数を釣った者が勝ち、大型を釣るのも結構だが、それは宝クジみたいなもので、運の問題だ。腕には関係ない」というようなことを言われた。

私はその方と一日、ある川でヤマメを釣って歩いた。馬鹿げたことだが、私はその名人に「どっちが釣りがうまいか勝負しよう」と言われ、挑戦を受けて立ってしまったのである。

勝負はお昼までの釣果で決めようということになり、国道沿いの適当な場所から交互に釣り遡って行った。放流数が多く、管理も行き届いたその川のヤマメはよく釣れた。

結果は私が三尾差で勝った。名人は私が驚くほど非常に悔しそうな顔をしていた。そして、「午後からもう一度、勝負をやり直そう」と、しつっこく私に迫った。

私は笑ったきり「いや、まぐれですよ」と言って、彼の再挑戦は無視したが、愚かなことをした自分への後悔の念でいっぱいだった。

私は名人の釣り観が基本的に間違っていることを示したかったのである。数を釣るのは腕ではあるが、大型を釣るのもまた腕が問題だと言いたかったのである。

名人は自分が負けたのは、そのとき、たまたま「運が悪かったからだ。午後は負けない」というようなことを言われた。都合が悪くなると、この人は数も運の問題にスリ変えてしまうらしい。

釣りを単なる数の次元でしか考えられないような人と、まともにやり合った自分の馬鹿さ加減には、今でも腹が立つが、まだまだ世の中にはこうした数釣りだけがすべてという人がたくさんいるのである。

超大物だけを狙い撃ちする技術を模索

北海道の源流釣行で得た大イワナとの戦いは、私の心の中に強烈な印象を与えた。元浦川の小沢で、サオの穂持ちまで水中に引き込んで、ものすごいファイトを示した尺五寸の大イワナや、豊似川の五〇センチを五ミリ切ったアメマスとのやりとりは、私にとっては、生涯忘れ得ない出来事となっていたのである。

そして、この頃から、もう自分は完璧な大物だけをターゲットに置いた釣り師に変わっていったのだった。もう、小物がいくらたくさん釣れようと、私にはほとんど興味がなくなりつつあった。その代わり、大型がいるとわかると、とことん同じ川に通い続け、最後にはそれをものにしてしまうのだった。

寸又《すまた》川などはその典型である。私は大井の大支流であるこの川で見た大アマゴが忘れられず、時間が許す限りこの谷に通いつめ、数えきれないくらいの大アマゴを釣り上げている。

一種の偏執狂とも思えるねばり強さと集中力で、ほとんど毎週のように寸又川に出掛けて行ったが、それもただただ大アマゴだけを釣りたいが故だった。たとえ、前の週にアタリ一つなくても、また、鉄砲水に遭って死にかかっても、私は懲りずに一つの川に通い続けるようなしぶとい釣り師になっていたのである。

しかし、その結果、私には大物釣りに関する重要なカギのようなものが、おぼろげながらわかって来たのだった。前に述べた名人のように、以前の私は、大物を釣るのは多分に運に左右されると考えていたのだが、実際はいくつかの鉄則みたいなものがあって、それを守って行けば、大物は釣れることがわかって来たのだった。つまり大物釣りは運や偶然の問題ではなく、腕、技術によって得られるのだということを理解して来たのである。私はそれを証明するために、この年の秋、久しぶりに銀山湖を訪れ、何尾かの大イワナを釣ることができた。

私は、今やはっきりと大物を釣るためのノウハウを認識し、自分のものとしたのだった。もはや数釣りは私の興味からは完全に外れ（現在はまた少し違って来てはいるが）、大物釣り師としての道を歩み出そうとしていたのだった。

北海道の釣り場は私たちを大いに魅了した。だが、ヒマはあるが金はない貧乏学生の身には、そこはあまりに遠すぎた。年に一度の夏休みに出掛ける程度ならいいだろうが、ひんぱんに行くわけにはいかない。もっと近場でいい場所を探しておく必要もあったのだ。

当時、私は大学院の学生でありながら、学部学生だけのサークル、中央大学釣り研究会渓流班のメンバーとなっていたが、この頃は何日も山を歩いてようやくサオを出すような源流の釣りは、こうした学生たちだけの世界だった。

各大学の釣り部は互いに交流し、学釣連を結成していて、釣り場に関する情報の交換や、新たな釣り場の開拓が盛んに行われていた。現在のように私も含めた中年オジンどもが、ひっちゃきになって源流へ足を突っ込んで来る異常な出来事など全く考えられない時代であったのである。

それというのも、わざわざ苦労して山奥へ行かなくても、近くで十分魚が釣れたからである。金と腕はあるが、ヒマはない中年釣り師は近場、金と腕はないがヒマだけはある学生は、足と時間をかけて源流へ行くという、一種の棲み分けみたいなものが行われていたのである。

今も騒がれている三面《みおもて》の竹ノ沢や岩井俣《いわいまた》沢、早出《はいで》川といった有名な川は、当時でもすでに過去の川と呼ばれるほどで、学釣連の諸君たちの足跡は、全国に及びつつあったのである。

だが、源流までやって来る人の数は、ほんの一握りの学生だけで、数は非常に少ないから、まだまだ未開の釣り場は残っていた。だから、五万分の一地形図を見るたびに、私は新たな釣り場を見つけることができたのだった。

新たな釣り場として三面川が開けて来る

中大釣り研は春の新人歓迎合宿、夏の源流釣行合宿、そして秋合宿というのが大きなイベントだった。この中で、皆が一番望みを託すのは夏合宿だが、大切なのは春の新人歓迎合宿である。

せっかく獲得した新入生に「渓流釣りなんてヤダ」と言われないためには、いきなり三面川みたいな怖い所へ連れて行くわけにはいかない。足場が良く、景色も良く、それでいてある程度魚の釣れる所が選ばれる。そうした条件を満たす川として中大釣り研が毎年選んでいた川は、新潟県の大白川であった。五味沢の先にテントを張るか、音松荘に泊まって、本流や右沢、左沢を釣るだけで、当時でも十分な釣果があったし、本流の上部では尺物も望めたものである。ところが、私が入部した頃から大白川の魚は極端に型が低下しつつあった。ムジナ沢や夕沢などに入ると、数はメチャクチャに釣れたけれど、いずれも二〇センチ未満の小型ばかりで、ビクに入れるような型にはとんとお目にかかれなくなっていたのである。

そのためにも、新たに合宿候補地を探す必要があった。それも、ある程度遡行が簡単で、魚のよく釣れる川を。

私が三面川の支流である高根《たかね》川へ足を踏み入れた時期は定かではないが、確か昭和四五年の三月下旬だったと思う。従って、北海道釣行の話とは前後関係が逆になるのだが、それはともかくとして、私にはおなじみの上野駅二一時発の急行・鳥海《ちょうかい》号で村上まで来て、一番バスで高根村へ向かったのだった。

今は高根川も源流まで道ができてしまったが、当時は鈴谷の出合以遠は、杣道《そまみち》があるだけで、ほとんど未開な谷であった。その上、私が注目したのは、支流の平床谷である。この谷沿いには、稜線まで登山道があり、それを詰めれば、向こう側の猿田川へ入渓できそうに思えたからである。

そんな思惑を秘めた私は、まだ雪の残る高根林道を一人で歩いて行った。三月下旬の三面山塊の積雪がどのような状態なのか知らなかった私は、無謀にも地下足袋姿である。この後にどんな悲惨な思いをするのか、この時点ではまだ知るよしもないのだ。

高根林道の雪は、部落の付近ではわずかに残っている程度だったが、少し奥に入ると、あたり一面雪だらけになってきた。そして、鈴谷との出合に着く頃には、もう、ズボズボと埋まるほどの深さになっていて、足は冷たさから感覚がだんだんなくなって行くようだった。

私は、それでもなんとか鈴谷の出合上の橋の所にテントを張ると、元気いっぱいの気分で高根川の本流沿いの杣道へ入って行った。本流の左岸側には道らしい感じが残っていて、そこに何日か前に歩いたらしい人の足跡が、かすかに付いていたのである。

その足跡を踏み外さないように、一歩一歩足を進めて行くが、二歩に一度くらいは腰までズボッと埋まってしまう。普通に道を歩くのと違ってとても疲れる作業だが、たった一人なので他の人にラッセルを代わってもらうわけにもいかない。暖かいとか冷たいといった感覚など、勿論、とうの昔になくなっている。

現在の私ならこんなガッツはないから、すぐ引き返すのだが、あの時はまだ若かった。なんと、私は一時間半のラッセルを繰り返し、新四郎沢出合のわずか下流まで歩き通したのである。

しかし、最後に急な雪壁を下って、本流に降り立った私は、そこで変なものを発見した。直径が四〇～五〇センチくらいある木の幹の皮が、高さ三メートルくらいの所から、ベロンチョと全部剥がされて、白い木の内部が丸出しになっているのである。

直感的に何かケモノが食べたな、とは思ったが、その時点では皮を食べた者の正体は思いつかなかった。ところが、後で聞くところによると、それは冬眠から冷めた直後のクマの仕業だというのである。こうした皮剥ぎの近くには巣があって、近くから人間を見ていることが多いのだそうである。

しかし、そんなことは何も知らない私は、雪代がゴーゴーと音をたてて流れる高根川の本流で、サオを出したのだった。

雪の猿田川源流へ偵察行

高根川の本流を釣ったのは二時間くらいだったと思う。ものすごく冷たい水の感触が地下足袋を通して伝わって、たちまち足はしびれてしまった。テントに戻った時には、凍傷になったように、足がはれあがったことを今でも鮮明に覚えている。

だが、そんな中で頑張った割には、魚はあまり釣れなかった。釣れた型はほとんどが尺級だったが、数は五～六尾だったと思う。それに、意外なことには、あんな上流なのに、三尾ほどヤマメが混じったことである。

これも後でわかったことだが、三面川のヤマメはサクラマス系で、五月になると巨大なサクラマスが高根川の源流近くまで遡って来るという。私が釣ったのはその子供だったのだ。

本流は労多くして益少なしと見た私は、翌日は平床谷の道を、とにかく稜線の方に歩いて、猿田川への入渓点の情報を少しでも集めてみることにした。いずれにしても、この雪では稜線まで登ることはできないが、一人でできる範囲で道の状態を調べておきたかったのである。

案の定、平床谷の登山道は、雪に埋まっていて、一キロほど進むのがやっとであった。だが、道は比較的しっかりしていて、少なくとも猿田川との分水嶺をなす稜線まで行けそうな感じであった。

登山道偵察の後、私は平床谷の中流部に降り、サオを出した。この谷はナメ底で、夏は水もあまりないが、この時は激しい雪代水で増水していた。

けれども、魚の濃さは本流など問題にならないくらいで、ポイントごとに大きなイワナが釣れて来る。私が釣った区間は、わずか五〇〇メートルくらいの間だったが、尺上六本で、最高は三七センチと、今後の期待を持たせるのに十分な釣果を得ることができたのだった。

人が歩いた後でも平気でヤマメが出る川・高根川

三月下旬に単独で行った高根川の偵察で、私は二つの大きな成果を得ていた。一つは、高根川が意外にもイワナとヤマメの濃い釣り場であることを知ったことと、二つ目に、平床谷から猿田川へ向かう杣道が、雪で埋まっていたとはいえ、しっかりとした道が山越えルートである稜線の方向に続いているのを確認したことである。

偵察の結果はその二ヶ月後に、さっそく生かされた。私は中央大学釣り研究会の諸君四名と、再び高根川を訪ねたのだった。三月の末に来た時は、周囲は雪だらけだったのに、もう、辺りは萌えた木々の新緑に包まれていた。

一番バスで同じように高根まで行き、そこから鈴谷出合まで一時間の歩き。出合にテントを張ると、五人全員がとりあえず高根川本流を釣ってみることにした。前回は新四郎沢出合付近をちょっと釣っただけなので、この川の奥がどうなっているのかは、まだわからない。というのも、当時の五万分の一地形図には、高根川上流への道は記載されていなかったので、全く未開の釣り場の観があったからである。

だが、私は前の偵察で、高根川の左岸沿いに杣道があることを知っていた。この前は雪のために道がどこまで続いているかは確認できなかったが、少なくとも新四郎沢付近まではありそうである。

道は予想以上によく踏まれていた。とても地図に表示されないような小さな道とは思えないほど、なかなかしっかりした杣道である。国土地理院が見落としたのか、あるいは意図的に載せなかったのか知らないが、とにかく五万図には載っていないのである。地図というのは、ある面では正しくとも、こうしたことをみると、やはり完全ではないようだ。

しかし、それだからこそ、高根川が渓流釣り師の標的とならずに、今まで未開であり続けたのかもしれない。新しい道ができたと知れば、ドッと釣り人が押し寄せて、たちまちこの川も場荒れしてしまうことだろう。幸いなことに、まだ道の存在を知っているのは、私たちを含めて極くわずかな人たちだけである。私たちは一般の人たちが手にすることのできないイワナのパラダイスへの秘密のパスポートを手にしたのだ。道を歩く足どりは軽く、一歩一歩、ワクワクしながら奥へ進んで行ったのだった。

当時の五万図によれば、葡萄《ぶどう》峠の方から天蓋《てんがい》山の麓を通って、滑沢出合を横断する山道があるように記載されていた。だが、実際に高根川沿いの道を進んでみても、そんな道は見つからない。

高根川沿いの杣道は、それどころか、藤沢出合の少し先で切れていて、それより先はほとんど道らしいものはなくなってしまったのである。それは前回、私が雪の中で道を見失い、本流に降りてしまったのとほぼ同じ所までで、その先は道がなくなっていたのである。

道がなくなったので私たちは二〇分ほど川通しに歩き、そこからいよいよサオを継いだ。足元から何尾も魚が走り出すのを見て、我慢できなくなってしまったのである。

私たちが停まった所は、小さな淵の前だった。だが、そのすぐ下流を五人がドタバタ、音をたてて徒渉しているから、その淵からサオを出すことはできない。出したところで、魚はとっくの昔に石の下に隠れているからだ。

ところが、最初に仕掛けを継いだK君が「魚が泳いでる」と言って騒ぎ出した。

「ハヤじゃないか。俺たちがこれだけ音をたててるんだよ」と、誰かが言う。なるほど、淵尻の方に小さい魚が数尾泳いでいるのが見える。でも、それがヤマメやイワナであるはずはなかった。ヤマメ、イワナならとっくに逃げているだろうし、大きさから見てもどう見てもハヤのようである。

しかしである、K君が半信半疑で流した仕掛けに、一発で跳び付いて来た魚は、なんと銀ピカのヤマメなのだ。型は一八センチくらいだが、あの神経質なヤマメが人のいる前で簡単に釣れてしまったのである。

私たちは俄然ハッスルし出した。私が仕掛けを継ぎ終わる前に、早くもK君は二尾目のヤマメを同じ所から釣り上げるところだった。

「入れ食いだアーッ」

というK君の叫び声に、五人はちょっとあせり気味に、パラパラッと上流へ走って行った。私を含めて、当時の学生の釣りの技術というのは、ひどいもので、源流のイワナだから通用していたものの、スレたヤマメにはとんと歯が立たなかった。しかし、そんな稚拙なテクニックでも、高根川のヤマメは、どんどん釣れて来るのである。

新四郎沢出合に着く頃には、それぞれが一〇尾近いヤマメを上げていた。だが、イワナは一尾も出ない。水温が上がったせいか、上流へ行ってしまったのだろうか。

ここでパーティは二組に分かれることにした。K君とS君は新四郎沢、私とH君たち三名が本流を攻めることにし、二時に再び出合で待ち合わせることになった。

新四郎沢出合付近は、昔たくさんの家があったそうで、元屋敷と呼ばれていたらしい。何故こんな山奥に家があったかというと、ここから東へ四キロほど行った、猿田川との稜線の所に、鳴海金山《なるみきんざん》という鉱山があり、ここが鉱夫の拠点だったというのである。

昔は小さな遊郭まであったという元屋敷も、今は深い草と柳の木に覆われていて、そうした痕跡を一切残していなかった。元屋敷と鳴海金山の歴史を知らなければ、昔、ここにたくさんの人間が住んでいたなど、思いもしないくらい、物の見事に自然が回復していたのだった。

そうした古い人間の営みの歴史を消し去って、高根川本流は再び、踏み跡さえない未開の渓《たに》として、私たちの前に広がっていたのである。

渓流と呼ぶには少々頼りない、緩い流れだが、魚影の濃さは抜群で、魚はビシビシと釣れ続けて来たのだった。

その日、私たちは新四郎沢出合から、三キロほどしか進めなかったが、上に行くにつれてヤマメの型、数ともに良くなり、イワナも尺物が何本か釣れた。

一方、新四郎沢組の方は、出合からしばらくはヤマメだが、すぐイワナだけになってしまい、三七センチを頭に相当の数を釣ったという（勿論、食糧に何尾かキープして、残りはすべてリリース)。

彼等も出合からわずかしか釣っておらず、沢は奥が深そうだったという。本流にしても、新四郎沢にしても、まだまだ先は長く、魚影の濃い釣り場が続いていそうである。

だが、今回はもっと大きな目標、すなわち、猿田川源流へのルート工作を完成させるという目的があった。高根川源流については、いつでも攻略できるとわかったので、翌日は猿田川へのルート探索に全力を傾けることにしたのだった。

隠された杣人たちの山越えルートの発見

鈴谷出合のベースを出発したのは、午前四時だった。ルートの長さからみて、猿田で一泊のビバークの可能性もあるので、二日分の食糧と簡単な野営の仕度をして、平床谷を歩き出した。

五万図によれば、平床谷から猿田川との稜線を経て、鳴海山までの間は登山道があるように書かれている。だが、その先はどうなっているのか。はたして、猿田川まで道は続いているのだろうか。

地元の人に会うごとに、その辺りのことを詳しく聞いたが、答えはいま一つはっきりしない。

しかし、仮に道がなくとも、稜線まで登れれば、あとは大したことはないだろう。猿田に流れ込む小沢を下って行けばいいのだ。少々のヤブコギなど、最初から覚悟の上だからだ。

だが、私たちのオーバーな思い込みとはうらはらに、道はよく踏まれていた。ちょうど、山菜の季節とかち合ったせいもあるのだろうが、迷いやすいような所にはナタ目さえ入っている。楽勝そのものといった道なのだ。

ベースを出発して、一時間ちょいで道は急に登りから、左の方へトラバースするようになって来た。もう、稜線はすぐそこである。若い学生諸君のペースは非常に早い。皆、一刻も早く猿田側がどうなっているのか知りたくて、とぶようなスピードで登って行く。

そして、ついに道は完全な稜線に達した。先頭をとんで行ったのはS君である。若くて一番体力のある彼が、鳴海山とのコルに最初に着いた。そして、「猿田への道があるぞーッ」と叫んだ。

私たちは「ワオーッ」とか「バンサーイッ」といった、様々な歓声をあげながら、そこへ突進して行った。コルはブナの林に囲まれていて、周囲の展望はない。けれども、真北へ向かう稜線上の道は、ここで明確に分かれ、一本は稜線を忠実に鳴海山の方へ、そして、もう一本は右側、すなわち、猿田側へ下っていた。

猿田川への山越えルートは、私の予想した通り存在していたのだ。

現在の渓流釣りの現状からみれば、こんな山越えなど、たわいもないことだろう。だが、当時の極めて少ない情報と、貧弱な装備で私たちはそれを成し遂げたのである。私たちの感銘の深さはものすごかった。大げさに言えば、それは大西洋からパナマ地峡を越えて、初めて太平洋に達したスペイン人、バルボアのような心境でさえあったと言えよう。

オーストリアの伝記作家、シュテファン・ツヴァイクは、バルボアが太平洋を初めて見た時のことをこう書いている。

「午前十時頃に彼らは嶺《みね》に近づいた。草木のない小さな円頂を上りさえすれば、見渡しは無限のなかに広がるに違いなかった。この瞬間にバルボアは行進の停止を命じた。彼は誰ひとり彼についてきてはならない。なぜなら、未知の大洋を初めてみることを、彼は誰とも共にしたくないからである。ただ彼だけが未来永劫にわたって最初のスペイン人、最初のヨーロッパ人、最初のキリスト教徒として、いまなお知られていない太平洋を見たかったのである。

心臓がどきどきしながら彼はゆっくりと上った。左手に国旗を持ち、右手に剣を携えている彼の姿は、広大なその場所のなかで、ポツンとただ一つの影法師のようであった。少しでも急《せ》くことをしないで、彼はゆっくりと上った。というのは、本当の仕事はすでに為し遂げられていたから。あとはもう、ただ数歩。その歩数も一歩一歩なくなる。そして、いまや、彼が山頂に着いたとき実際、彼の前に素晴らしい眺望が広がった。

傾斜している山々の向う、森に包まれ、緑の斜面をつくっている丘の向うに、一つの限りなく大きな金属の鏡のような平面が横たわっている。海だ。海だ。まだ知られていなかった新しい海だ。

それまでただ空想されていただけで、一度も見られたことがなく、ただ伝説として存在し、コロンブスとその後継者たちのすべてが探したが見出せなかった海――アメリカとインドと中国の岸を、その波が洗っている海だ。そして、バスコ・ヌニェス・デ・バルボアは見入る。飽くことなく見つめる。この海の無限の青さが初めて映ったヨーロッパ人の眼は、まさに彼の眼であるとの自覚のなかに浸りながら、誇らしく幸福に。」

（みすず書房刊　ツヴァイク全集第五巻、『人間の星の時間』片山敏彦訳より）

私たちは、まさにこれに匹敵するような、感激にひたっていたのだった。高ぶった気持ちは、ここで頂点に達していたのである。

だから、この後、猿田側へかけ降りて行くことも、もはやそれ以上の感激を与えてくれるものではなかった。一度登り詰められた峰は、下るしかないのである。

コルから猿田川本流までの下り道、私たちの足どりは一層早まって、ほとんど走っているに近いような感じであった。重いザックを背負っているため、何度も道からそれて林の中に突っ込んだ。しかしそれでも私たちの突進は止まらなかった。

道は所々で不明瞭となり、最後に沢に下る辺りで完全に見失ってしまった。はじめは道を探すことを力点に置いたのだが、やがてそれは不可能であることを悟った。もう、そこからは道などないし、沢を歩く方が早いのだ。

猿田川本流へ流れ込むこの沢は、水量が多く、二〜三の巻きもあったが、何の問題もなく本流まで容易に下ることができた。この沢にもイワナはいるらしく、途中から魚がひんぱんに走るようになり、本流へ着く頃には、その数は驚くほどになった。いよいよイワナの世界に突入してきたのである。

至る所に泳ぐ大イワナ

猿田川本流へ着いたのは、七時を少し回った頃だった。すごい速さでとばして来たので、山越えそのものの時間は休憩も入れて三時間と、意外なくらい早い。

降り立った所は深いV字谷の底のような所で、雪代でやや増えたササ濁りの水が流れていた。想像していたより渓相はおだやかで、遡行は難しくはないように思えた。

私はここに荷物を置くと、K君、S君、M君、の三人を下流へ、H君と私が上流という具合に沢割りをした。ビバークの用意はして来たものの、この調子なら高根のベースへ日帰りも可能と判断し、釣りは午前中いっぱいとすることにした。

そして、H君と猿田川本流を釣り遡って行く。広い川は釣りやすく、魚は至る所にいた。人間の姿など見たこともないのだろうか。淵尻の浅い所に何尾も並んで泳いでいるイワナは、私たちが近づくことに気付いても逃げようともしない。

イワナの前にキジを放り込むと、白い腹を見せて、〝クルッ〟と回転して食い付いて来る。それを一つ一つ見ながら釣るのである。

型は尺を少し切る程度のものが大部分だが、数の多さはものすごい。一投ごとに魚が釣れてしまうのである。釣りたくなくとも、エサを入れれば勝手に向こうで食い付いて来る。やはり、猿田川は私の思っていた通り、イワナの桃源郷だったのだ。

この日、尺物は三三センチが最大で、五人で四~五尾だけだったが、私たちは高根川にしても、猿田川にしても、まだその入口にようやく辿り着いたにすぎなかった。私たちが攻めていない奥地には、信じられないような大イワナがいるに違いない。いや絶対にいるはずだ、と私は固く信じて疑わなかった。かくして、私の高根、猿田通いが始まり、ここでも私の猿田行は大イワナを手にするまで決して止まらないことになるのである。

飯豊連峰・胎内川

飯豊の秘境・
ダンゴ河原への侵入

途方もなくイワナの濃い川ダンゴ河原

渓流の釣り場にも不思議な名前の所が多い。胎内川・ダンゴ河原という名前を初めて聞いた時は、その名前が発する一種異様なイメージから、私のような平凡な人間には近づき得ない、非常に神秘的な場所のような気がした。

私がこの川の存在を知ったのは、昭和四三年の秋である。当時、三鷹に住んでいたHさんという人から〝途方もなくイワナの多い谷〟として胎内川のことを聞いたのだが、そこへ行き着くには、これまた途方もない苦労を重ねなければならないというのだった。

胎内という名前の響きと、途方もない苦労の末に行き着く川ということで、私もこの川へ行くにはよほど準備をしっかりしなければと考えていた。そして、それから二年近く、色々な情報を集めていた。

ところが、いざ決行という時になって、この地方の地形が変わってしまうほどの大水害が発生してしまったのである。

後に、羽越水害と呼ばれるようになったこの大水害で、胎内川もほとんど壊滅的なダメージを受けてしまった。その結果、私の第一回目の胎内川釣行《ちょうこう》は、それよりずっと遅れてしまったのである。

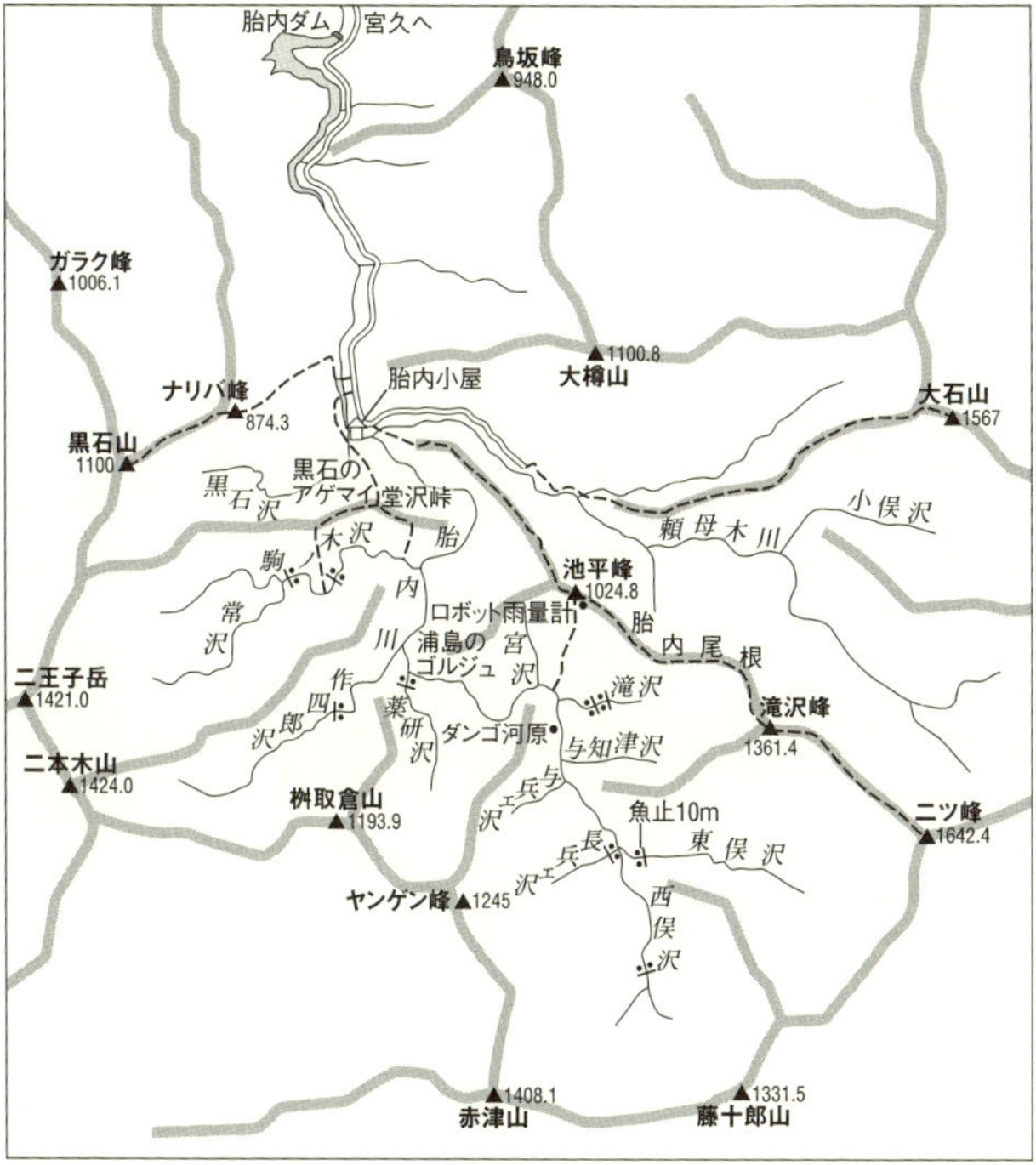

胎内ダム
宮久へ
鳥坂峰
948.0
ガラク峰
1006.1
1100.8
大樽山
胎内小屋
ナリバ峰
874.3
大石山
1567
黒石山
1100
黒石の
アゲマイ
堂沢峠
黒石沢
木沢
駒
常沢
胎内川
小俣沢
頼母木川
池平峰
1024.8
ロボット雨量計
胎内尾根
浦島の
ゴルジュ
宮沢
滝沢
作四郎沢
薬研沢
滝沢峰
1361.4
ダンゴ河原
与知津沢
二王子岳
1421.0
二本木山
1424.0
桝取倉山
1193.9
与兵ェ沢
魚止10m
長兵ェ沢
東俣沢
二ツ峰
1642.4
ヤンゲン峰
1245
西俣沢
1408.1
赤津山
1331.5
藤十郎山

子グマの襲撃に続いて水なし尾根の急登で喉はカラカラ

胎内川に入るには、羽越線の中条《なかじょう》駅から行くのが近いのだが、当時ここにはタクシーがなく、胎内小屋までの長いアプローチを歩くか、新発田からタクシーを頼むしかなかった（勿論、貧乏な私たちが、車を持っているはずもないからだ）。

私たちは本気で、胎内小屋までの三〇キロ近い道を歩こうと考えていたが、いざ歩く段になって、その距離の長さに正直いってビビってしまった。かといって、胎内小屋まで新発田からタクシーを頼むだけの金もない。

結局、同行したKくん、M君と三人合わせて五千円分だけ新発田からタクシーに乗り、あとは歩くことにして、得意の上野発二一時の夜行列車・鳥海《ちょうかい》号に乗り込んだ。そして、新発田駅で降りると、「五千円で行ける所まで行ってください」と運転手に頼んだ。

彼は私たちが金のない学生とわかると、ちょっといやな顔をしたあと、「しょうがねえ、エントツしてやるか」と言って、五千円で胎内小屋まで行ってくれたのである。メーターは胎内林道に入る宮久の付近ですでに五千円を越えていたから、まともにいけばかなりの距離を歩かなければならなかったろう。それを胎内小屋まで横着けしてくれたのである。

おかげで、胎内小屋には朝暗いうちに着くことができた。小屋の入口には「登山者名簿記入のこと」とあるので、入口を開けて、小屋の中へK君が入って行った。管理人はまだ起きていないようで、中は真っ暗である。K君は暗い中で登山者名簿を探してゴソゴソやっていた。

ところが、そのうちに「ウワーッ」という叫び声をあげて、突然、小屋から跳び出して来た。

外でのんびり待っていた私とM君は、彼の声のすごさに、K君以上に驚いてしまった。いきなりの悲鳴だったので、こっちも跳び上がってしまったのである。

K君は真っ青な顔をして「背中を何か生き物が触った」と言いながら、小屋から出て来た。震えながら彼が指す方を見ると、暗い土間に確かに何かいる。

黒っぽい犬くらいの生き物が、綱に縛られているのが見える。だが、眼をこらして見ると、それは犬ではない。クマの子供なのだ。こいつが、何も知らないK君の背中をクンクンとやったために、騒ぎが持ち上がったのだった。

クマ騒動もひとしきりした後、私たちはいよいよ胎内川の上流にあるダンゴ河原に向かって出発した。ここに至るには二つのコースがある。一つは胎内ダムのバックウォーター付近を徒渉し、黒石のアゲマイから堂沢峠を経て堂沢に降り、本流を遡行するコースと、門内岳への登山道を池平峰《いけだいらみね》まで登り、そこから一気にダンゴ河原まで下降するコースである。

今回、私たちは後者、すなわち尾根登りのコースを選んだので、まず、頼母木川の吊橋を渡る所から始まる。ここから池平峰まではかなりの急登で、歩くというよりは、這いつくばると言った方が適切である。

ところが、私たちはこの尾根の登り始めで、重大な失敗を犯してしまった。頼母木川を渡る所で、水筒に水を入れるのを忘れてしまったのだ。おかげで、この急坂を三時間以上、水なしで登る破目になってしまったのである。

日が昇って暑くなる前に尾根を登りきらないとたいへんなので、私たちはものすごい速さでこのヤセ尾根を登り切った。しかし、息を切らせて池平峰に登り着いた時にはすでに遅く、喉はもう焼き切れんばかりに渇いていた。

遠くには飯豊山《いいで》の白い雪田が、アイスクリームのように見えている。それを見ながら、「今、ここにアイスキャンディ屋が来たなら、俺は一本千円でも、それを買うね」と私は言った。でも、そんなことはありえない。がまんするしかないのである。

飯豊山のガイドブックによれば、池平峰から一五分ほど行った所に水場があるというので、新人のM君に汲みに行かせる。しかし、彼が持って来たのは、水筒にほんのわずかの量しかなく、しかも、濁っていて、ボウフラさえ湧いている。とても飲めたしろものではないのである。

以前、前穂高岳東壁のDフェースを登った時、途中で水切れを起こし、カラカラの喉で稜線に抜け、空き缶に溜まったサビだらけの水を飲んだことがある。あの時も、缶の水にはボウフラが湧いていた。それでも水が飲みたくて仕方のない私たちは、缶の端を指でピンとはじいて、ボウフラが底に沈んだ瞬間、ゴクリと飲んだものである。だが、今回はさすがにこの水は飲む気がしない。そこまで喉が渇いているわけではないからだ。それに、あと一時間もすれば、ダンゴ河原の水を腹一杯飲むことができるはずだったからである。しかし、物事はそううまくは運ばないのだ。

池平峰のロボット雨量計のある所を回り込むと、ここからダンゴ河原までは、滝沢の出合に向かって尾根筋を忠実に降りて行かなくてはいけない。右にそれても左にそれても沢に降りてしまい、強烈な滝に出合ってしまう。尾根通しに下降することだけが安全なルートなのだ。

しかし、喉の渇いた私たちは、ついつい左側に流れる沢の水につられ、ルートを外して沢に降りてしまったのである。水はそこにはたっぷりあった。それを私たちは腹がユッサユッサするくらい飲んだ。そして、それからまた尾根に戻れば問題はなかったのだが、そのまま沢を下ってしまったのである。

沢は最初は良かった。尾根のようにヤブがないから、快適に下降して行ける。ところが、それが次第に急傾斜となり、両岸がゴルジュ状になるにつれて、状況は怪しくなって来た。最初は小さな落ち込み程度の滝だったのが、だんだん大きくなり、ついにはハングした一〇メートル以上の滝に出合ってしまったのである。

一つの滝をきわどく巻いて降りると、すぐまた次の滝が現われた。高度感のあるやばいトラバースをして、左岸のブッシュになんとか逃げ込む。しかし、5つほど滝を越えた所で、ついに進退が窮まってしまった。私たちは完全にルートを外れて、滝沢を降りているらしかった。正確なルートに戻るには、右へトラバースして、尾根に戻るしかない。

だが、そのトラバースは非常に悪そうだった。足元からスッパリ切れていて、ちょっと触れた石が落ちると、どこにも当たらないで落下し、ずっと下の方でズシーンと不気味な音が聞こえて来る。

墜ちればもちろん、命はないだろう。だが、そこをトラバースする以外、正規のルートに戻る道はない。行くしかないのだ。

覚悟を決めて、まず私がトラバースする。足元の暗い空間を見ると、頭がクラクラした。高度感のある岩場をザイルをつけてジリジリとトラバースして行く。さっき飲んだ水の大半は、冷や汗となって一瞬のうちに発散したようだった。だが、とくに難しい三メートルほどの岩場を越えると、あとはブッシュの続く安全な斜面に突入することができた。

胎内川本流は第一投から三六センチ

胎内川の核心部と言われるダンゴ河原には、そこからわずかで降り立つことができた。ダンゴ河原という名前が、何故つけられたのか、その由来は知らないが、周囲は切り立った崖の所ばかりで、およそ河原とは言いがたい。

滝沢出合の少し上流には、猫の額ほどの河原がある。そこをダンゴ河原というのかもしれない。とにかくその河原にツエルトを張ってから、付近の釣りに出掛けた。

今日は小手調べということで、私は滝沢、K君とM君が上流へと、分かれて行動する。滝沢は入口から廊下になった暗い谷で、入口の砂の上には、十数分前に歩いたばかりと思われるクマの足跡が残っていた。

一瞬、恐怖感が走る。胎内小屋で見た子グマと、小屋の主人が「クマはこの近くにはずいぶんいるよ」と言ったことを思い出す。そうだ、飯豊山は野生のクマの天国なのだ。ここでは人間の数よりクマの数の方が多いのである。

すると、周囲の濃いヤブがザワザワと動き、クマが今にも跳び出して来るのではないかという幻覚がして来る。さすがの私も、これは戻った方がいいかな、という思いが一瞬横切った。

しかし、すでにサオを伸ばしていた私は、その直後にすぐさま最初の一尾を釣ってしまったのだ。こうなると、私は完璧な釣り師になってしまう。イワナが釣れるなら、クマどころかライオンが出ようがトラが出ようが、私は決して釣りを諦めないのである。

この数年後、私は日高の静内川《しずない》で、まだ湯気の出ているヒグマの糞に出会ったことがある。それを見て皆が「帰ろう帰ろう」と言い出したが、私は平気で釣り続けた。イワナが釣れている時なら、ヒグマと鉢合わせしたって、私は引き返さないだろう。そんなわけで、その時も私はポケットからホイッスルを取り出すと、メチャクチャに吹き鳴らしながら、暗い沢の奥へ釣り遡って行った。

滝沢のイワナは八寸級がほとんどで、短い魚止滝までの間に尺は一本しか出なかった。ベースに戻ると、すぐに上流組も帰って来て、M君が、第一投で三六センチの大物を釣ったという。

渓流釣りをほとんどやったことのないM君が、始めたばかりで尺二寸を釣り上げてしまったのである。尺イワナと言えば、誰もが憧れる大物なのに、ここではそれも簡単のようである。

翌朝、朝食の仕度に入る前に、K君がベースの前の淵でイトをたらした。私は半分シュラフの中に入りながら、彼が淵に近づいて行くのを見ていた。そこは、昨日、炊事場として散々ドタバタやった所である。そんな所で釣れたらおなぐさみ、とシュラフから半身を乗り出して見ていると、ツツーンと目印に強烈なアタリ。水面が爆発する。K君はたちまち数尾の良型を釣り上げてしまった。

胎内川は、私たちが心配していた大水害の影響もあまりないようで、魚は結構釣れそうである。そこで、この日は昨日納竿した与知津沢出合から、K君とM君がエサで、私はテンカラで釣り始めた。

すぐにK君が二八センチ、M君が二五センチを釣り上げる。私は淵尻を狙って、自作のテンカラ毛バリ（雀の剣羽根とゼンマイの胴）を打ち込んで行くが、なかなか出て来ない。最初、ドライ気味に水面で操作したが出ないので、沈めてみた。

すると、淵尻に一尾、潜水艦のように黒いイワナが浮上して来た。軽くアワせると、手応えがない。食いが浅く、まだ毛バリをくわえていなかったのだ。イワナは急にエサが見えなくなったので、カケ上がりの付近でウロウロしている。再び投入すると、白い口をぱくりと開けるのが見えた。そこでサオを立てて、アワセの体勢に入ると、ガクッと重みがかかる。魚は三〇センチを少し切るくらいの良型だった。

ところが、後が続かない。エサ釣りの二人はどんどん釣っているのに、私はこの一尾だけである。毛バリを沈めたり、逆引きしたりと、色々操作してみるが、雪解け水が多いため水温が低く、まだ毛バリには早すぎるようである。

右から長兵ェ沢が流入する所で、私もエサ釣りに転向する。仲間たちはすでに一〇尾以上釣っているので、そのハンディを取り戻さなければならない。

私は数を稼ごうと、長兵ェ沢に入る。沢は入口からわずか二〇メートルほどで滝になっているが、その滝壺で三四cmを頭に四尾を連続して、釣り上げた。

四〇センチオーバーの二尾の大イワナ

長兵ェ沢を過ぎると、胎内川本流はすぐに西俣と東俣に分かれる。記録によれば、二俣までの遡行は困難を極めたというが、羽越水害の影響だろうか、廊下のほとんどは厖大な土砂の下に埋まってしまい、ダンゴ河原から大した悪場もなく遡行することができた。

出合から右の西俣沢を見ると、流れ崩れた土砂が谷を埋めつくし、凄まじいばかりの水害の爪痕が残っていた。これに対して、東俣沢は出合から深い淵になっていて、谷の流れは自然の景観を保っている。

出合の淵の下を右岸から左岸に胸まで浸かって徒渉し、東俣沢に入る。そして、まず最初の淵でK君が三二センチを上げる。渓流釣りは初心者のM君も、だいぶ上手になって、K君に続いて尺近いイワナを掛けた。東俣沢は川幅が狭いゴルジュ状になっているが、魚影の濃さは抜群で、三人は交互に釣り上がる。だが、尺物はK君が釣った三二センチだけで、あとは二八〜二九センチくらいの大きさばかりだ。魚が多すぎて、大型はいないのだろうか。

入れ食い状態で二〇〇メートルほど進むと、大きな滝に突き当たった。東俣沢のF1で、魚止である（現在は放流でその上にも棲息）。高さは一〇メートルぐらい。左からねじれるように落下する滝の下は、深い淵になっている。そこは誰が見ても大イワナがいるに違いない、と思えるほど立派な滝壺であった。

我々は静かにアプローチすると、青いよどみの所に眼をこらした。ちょうど、白泡が消えて開きにかかる所に、三尾ほど大物が並んでいる。私はカメラを構え、M君にサオを出すように言う。

　ところが魚を見てあせったM君、ドスンという音をたててつまづいてしまった。その音で見えていた魚のうちの二尾は逃げてしまい、残りの一尾も警戒している。

　私のいる所からは魚の様子がよく見えるので、M君に投餌点《とうじてん》を教えてやるが、素人の彼はとんでもない方にエサを投げ込んでしまった。ところが、そのとたんに、イワナが斜めになってそのエサに跳び付いたのである。

　M君のサオがギューンとしなり、魚は底の方に向かって激しく疾走し出した。水の中にいる時は、せいぜい尺二寸くらいと思っていたのが、引きから見て相当大きそうだ。私とK君が両方からタマアミを構えているが、サオは手元から曲がって、なかなか浮いて来ないのである。

　M君は両手でサオを持ち、必死である。その成果があって、魚はようやく水面に現われ、K君のタマアミに入った。

　デカイ！　すぐにメジャーをあてると三九・五センチあった。四〇センチにはわずかに五ミリ足りないが、入門者が釣ったにしては、それは立派すぎる魚だった。渓流釣りを始めたばかりの男が、四〇センチ級のイワナを軽く釣り上げてしまうとは、何という川であろうか。

魚の大きさから判断すれば、逃げた残りの二尾は四〇センチを超えていたろう。胎内川の底知れぬイワナの濃さに、私は身震いさえして、そこに立ちつくしていたのだった。

その夜、ダンゴ河原のキャンプファイヤーは盛大だった。渓流釣りを始めたばかりで、早くも大物を手にしたM君、同じく尺上を何本も釣り上げたK君、ともに興奮気味で、明日の西俣沢には大いに期待している風だった。

私たちは夜遅くまで、色々なことを話し合った。北海道の日高で五〇センチ近い奴を釣り上げたことから、高根《たかね》川でヤマメの入れ食いに遭ったことなど、楽しい思い出を語り合っていると、夜が更けるのも忘れるほどだった。

翌朝、私たちは見事なまでに朝寝坊してしまった。昨夜、遅くまで起きていたせいか、起床時間の午前五時を過ぎ、六時になっても、七時になっても誰も眼を覚まさなかったのである。

時計を見ると、八時近かった。だが、ここは人里離れた胎内の最源流である。他に誰かいるわけではない。あわてる必要は何もなかった。ゆっくりと朝食の仕度をし、一〇時近くになってベースを出発しても、十分釣りになったのである。

東俣沢出合の淵を、胸まで浸かって徒渉し、西俣沢へと入って行った。沢は、昨日見たように、羽越水害の跡も生々しく、崩れた土砂で埋まっている。

「これはひどい」

K君は、大水で扇状地のようになった沢を見てつぶやいた。恐らく、凄まじいばかりの土石流がこの沢を流れたのであろう。私たちは一瞬、サオを出すのがためらわれたほどだ。ここまでひどいとは思いもしなかったのである。

しかし、それでも気を取り直した私たちは、仕掛けを継ぎ、西俣を釣り遡って行った。沢は砂ばかりで、ほとんどポイントのない渓相をしている。

ポイントは、所々にたまにある少し深い場所を釣って行くのだが、昨日と違って、アタリは全然ない。ごくたまにアタリがあると、二〇センチくらいのかわいらしいイワナしか釣れてこない。

私たちはこの沢を一二時半まで釣り遡った所で諦めることにした。大物などとても望めそうもないし、わずかに生き残ったイワナは、大切な種イワナとして保護してやらなければ、この谷は全くの死の谷となってしまうのだろうと思ったのである（この数年後に、私は再び西俣沢を訪ねているが、その時は魚影の濃い沢に戻っていた）。

浦島と呼ばれるゴルジュ帯を突破して下流へ

期待の西俣がだめで、すっかり当ての外れた私たちは、午後はベースから下流を釣ることにした。ここは両岸が険しく切り立ったゴルジュ帯で、勿論、下流から遡行して来る人もまれだろうから、魚影の濃さは申し分ないだろうと、私は読んでいた。

ところが、この読みはまた外れてしまった。釣りというのは水物である。昨日、テントの周りでさえ、簡単に釣れたのに、ゴルジュ帯に入ると、嘘みたいに釣れなくなって来た。私たちは釣り下りをしたのだが、川幅は上流よりずっと広いし、水量も多い。魚に姿を見られる危険度も多くはなさそうなのに、アタリが少ないのである。テント周辺では、一つのポイントで二〜三尾は釣れたのが、下流ではポツポツ程度しか釣れない。その上、型も思った以上には良くないのである。

胎内小屋で聞いた情報によれば、ダンゴ河原から二キロほど下った、薬研《やげん》沢出合付近は〝浦島のゴルジュ帯〟と呼ばれる険しい所で、ここの通過はかなり難しいという。下から遡った人は、ここで足止めを食らうので、魚は多そうなものだが、全然釣れないのである。

魚は釣れないが、とにかく今日は、その浦島まで行ってみて、どんな所か偵察しておこう、ということで、私たちは早いペースで釣り下って行った。

谷は両岸が切り立ってはいるが、遡行するのにそれほど困難というわけではない。だが、薬研沢に近づくにつれて次第に川幅は狭まり、ゴルジュ帯になって来た。そして、ついに薬研沢のすぐ上流で完全な廊下になってしまった。ここが噂に聞く浦島らしい。両岸はツルツルの岩で、高巻きは難しそうである。しかし、ゴルジュの中は思ったより浅そうで、腰から胸くらいまで入れば、何とか高巻かないで突破できそうなことを確認してベースに戻った。

翌日は麓へ戻る日である。普通なら元来たルートである池平峰へ戻って行くのだが、浦島のゴルジュ帯の弱点を見つけてしまった私たちは、もう元のコースを戻る気はしない。あの猛烈なヤブの急登をするより、川通しに降りる方がはるかに楽だし、面白そうに見えたからだ。

しかし、これが一昨日、コースを間違えて滝沢を降りて、とんでもない目に遭ったのと同じく、えらい苦難の始まりだとはこの時はまだ夢にも思っていなかった。

私たちは八時少し前頃、ダンゴ河原を後に、下流へ歩き始めた。前日の偵察の成果によって、歩行は快調で、約一時間で浦島に達した。ここも、昨日見当をつけていたように、水の中を構わずどんどん降りて行く。この調子なら胎内小屋へは簡単に行けそうである。

浦島の中間部分は少し浅くなっていて、そこに左側から薬研沢が、小さな滝（これが魚止で上流はアタリはなかった）となって出合っていた。そこから本流は右へ曲がっている。この付近は川幅が非常に狭くなり、少しの増水でも水量が増えてしまい、川通しの通過は不可能となるだろう。

狭いゴルジュのかなり上の方には、増水時に流れて来たのであろう、太い丸太が引っ掛かり、橋のようになっている。あそこまでの増水は少ないとしても、水の多い時は、やはり浦島の通過はかなりやっかいなものになるだろうと思えた。

浦島が終わる所でもう一本、左岸から作四郎沢が出合ってくる。この沢は地図で見ても長いし、イワナの期待が持てそうなので、私たちは三人してこの沢に入ってみることにした。

出合の滝を越え、ちょっとしたヘヅリで沢床に降りると、この沢はまるで桶の底にいるような感じである。両岸が狭いゴルジュとなっているのである。

しかし、沢そのものは歩きやすく、薬研沢とは違って、沢に降り立った直後から、良型のイワナが走り出した。沢が小さいので、三人が交代にサオを出して行くが、一発で掛かって来る。それを釣っては放し、釣っては放し上流に遡って行く。魚影は素晴らしく濃いのだが、尺を超える奴は、確か二〜三尾だったと記憶している。

作四郎を過ぎると、胎内川の本流は上流とは違った、堂々たる水量を持った大川となって来た。淵は大きく、徒渉は次第に難しくなって来た。だが、私たちが得ていた情報では、この付近から左岸側に杣道《そまみち》があるはずだった。それを通ればその日のうちに、楽勝に胎内小屋まで戻ることができるのだ。

私たちは左岸側の斜面を登り、この杣道を探しにかかった。ところが、行けども行けども道らしいものがないのだ。それどころか、太いクルミの木には、クマの爪痕がビッシリ付いていて、いかにもクマの多そうな感じさえする。

作四郎の釣りに時間を掛けすぎたせいもあって、時計はすでに一二時を回っていた。ブッシュの中をもう一時間以上歩いているが、距離的にはほとんど進んでいない。このまま道が見つからなければ、今日中に胎内小屋へ戻ることは不可能であろう。

楢ノ木沢でクマの後について道に迷う

結局、私たちが道と称するものを見つけたのは、それから一時間近くたってからだった。それも道とは名ばかりで、ほとんど踏み跡程度のものである。だから、歩いて行っても、不明瞭な所が多く、そのたびに道がわからなくなってしまう。道を歩くより、川通しに行った方が、はるかに早く行けそうなくらいである。

そうして、ヤブに足をとられつつ、ようやく榴ノ木沢（堂沢）出合に着いた。ここで踏み跡は本流沿いに下って行くものと、榴ノ木沢の上流へ上って行くものと、二つに分かれていた。

地元の人たちが胎内の中流に入る時は、黒石沢の出合から、一旦、堂沢峠に登って、榴ノ木の中流に降りる山越えコースをとる。従って、ここの分岐も榴ノ木の方へ行く道の方がよく踏まれていた。私たちは迷うことなく榴ノ木沢への道を進んで行ったのは当然のことである。

ところが、しばらく行くと道は沢に降りてしまい、その先、堂沢峠への取り付きがわからなくなってしまった。時間はどんどん過ぎて、夕暮が迫っている。早いうちに峠を登り切らないと、斜面の途中でビバークしなければならないだろう。

私たちは手分けをして、堂沢峠への登り口を探した。そして、しばらくした所で、ようやく、一つの踏み跡らしきものを探し出した。そこには、数時間前に何者かが歩いたと思われる跡が、はっきりと残っていた。

時間的には、もう山越えをするにはかなり厳しかったが、食糧もほとんど底をついているから、できれば胎内小屋には今夜中に着いておきたかったのである。

私たちはほぼ直線的に沢に落ち込んでいるその〝踏み跡〟らしき所を、私が先頭になって登って行った。私は先行した者が残していった小さなスリップの跡や、落葉がズレた跡からして、間違いなくそれが堂沢峠へ続く〝道〟であると思っていた。数時間前に誰かが歩いているのは、疑いようのない事実だったからだ。

だが、それは道にしてはあまりに急傾斜すぎたし、ブッシュも多かった。いや、道らしかったのは、最初の一〇メートルくらいで、その後はほとんど道の感じではなくなって来たのである。

しかし、それにもかかわらず、何者かが歩いた跡は、斜面の上の方に続いていた。「人間が通ったんだろうか?」という疑問が次第に強くなりながらも、私はなお数メートル登って行った。

そのとき、赤茶けた硬い粘土の上に、鋭い爪の跡がはっきりとついているのが眼についた。

「クマだアッ!」

私の叫び声に、全員が一丸となって、転げ落ちるように逃げ出していた。踏み跡の主はクマだったのだ。それを、私たちは人間様が歩いたと勘違いして、ノコノコ登って行ったのである。

クマは恐らく堂沢峠の方から降りて来たのだろうが、もしかしたら上に登って行ったのかもしれない。それがわからない以上、もう、山の中に入ることはできない。ビバークして、翌日、明るくなってから登るしかないのである。

私たちは楢ノ木沢を少し詰めた所にツエルトを張って、今夜のねぐらを確保した。だが、食糧はもうないのだ。米はゼロだし、わずかに残っているのは、作四郎でキープした三尾のイワナだけである。

一人イワナ一尾だけでは、大食らいの私たちの腹が満足するわけはない。せめて、一人三～四尾あてのイワナを釣る必要があった。しかし、クマが近くにいる以上、急いで焚火を作る必要もある。

そこで、ベースの設営と焚火作りを、私とK君が、M君一人を食糧用イワナの確保にと分けて行動することにした。

本当はイワナを釣るのは、素人のM君ではなく、私が行った方がいいのだが、小雨が降り始めて来た中での焚火熾しは、M君たちでは無理である。燃料のガソリンも切れかかっているから、この上焚火も熾せないとなると、最悪の夜を迎えることになるからだ。

「一人最低二尾分、合計で六尾以上は釣ってこいよーッ」

サオを持って出掛けて行くM君に、私が声を掛けた。これは切実な問題である。彼が魚を釣ってこなければ、今夜の私たちの食事は、イワナの塩焼き一尾だけ。そして、明日の朝は何一つ食べる物がないことになるのである。

まだ、川歩きも不慣れで、ヨロヨロと上流へ遡って行くM君の後ろ姿を見ていると、悪い予感がした。

「ひょっとすると、奴、一尾も釣れないんじゃないかな」という不安が湧いて来たのである。

ところが、その不安は物の見事に的中してしまった。私がどうにか焚火を熾して、太い薪に火がついた頃、上流からM君が血相を変えてすっとんで来た。そして、私たちの前でバッタリと座り込むと、

「ク、ク、ク、……クマ、クマ、クマが出たアーッ」と叫んだのである。

クマ公、ついに出現す!

M君の話を総合するとこうである。彼は事態の深刻さからして、何とかイワナを釣ろうと、必死で上流へ釣り遡って行った。ところが、気はあせるが、アタリはない。どんどん上流へ行くが、一尾もイワナが釣れないのだ。

そして、そのうちに目の前にまっ黒い奴が〝ヌーッ〟と現われ、腰を抜かさんばかり驚くと、一目散に逃げ出して来たというのである。

「それで、お前、一尾もキープできなかったのか」。一級先輩のK君の頭にも、今夜の悲惨な食事のことが浮かんだようである。

その夜の食事は、本当に質素だった。わずかに残っていたお茶と、イワナの塩焼きを一人一尾ずつ。それで終わりである。腹はへってはいるが、それ以上食べる物は何もないのだ。

私はM君に釣りに行かせたことを悔やんだ。「俺が行けば、少なくともクマに出合う前に三尾や四尾は釣っていたろう」と考え、翌朝はベースから下流に二人をやり、私が上流を釣ることにした。とにかく魚を釣らないことには、朝飯もないことになるからだ。

だが、私のM君に対する考え方は、完全に間違っていた。「俺なら釣れたはず」と思った楢ノ木沢は、誰か他の釣り人たちによって相当釣られているようである。アタリ一つないのだ。場荒れしているのだろう。これではM君が釣れなくても当たり前である。

ベースに戻ると、下流組も不漁顔をして待っていた。仕方がない。今日は朝飯なしで山越えをするしかないのである。

結局、堂沢峠への登り口は見つからなかったので、私は地図から判断して、最短コースと思われる小さな沢を詰めることにした。沢はえらく急で、上に行くにつれて傾斜がきつくなって来た。だが、幸いなことに滝はなく、次第に窪地状のブッシュとなって来た。急な斜面で、ほとんど木にぶら下がるような格好をして、上に体をずり上げて行く。

飯を食っていないので、その動作がとても苦しく、力も出ない。だが、ここで休んでいても誰も助けてくれない。苦しくとも、上に登るしかないのだ。

私の山での大食らいは有名である。キャンプでは、大盛三杯くらいは食べてしまう。それだけ体がエネルギーを必要としているわけで、食わないとたちまちバテてしまう。それが、今回、朝飯も食わずに山越えをしなければならないのだ。

この登りは数ある私の源流行の中でも、最も苦しいものの一つだった。約一時間半かけて稜線に辿り着いた時には、腹のへった私はヘトヘトになっていた。

堂沢峠を過ぎれば、黒石のアゲマイと呼ばれる下り坂で、もう、登りはないのだが、一歩も歩けない、というような状態だった。胎内小屋が見えて来た時には、もうこれで歩かなくてすむ、腹一杯飯が食えるという思いがしたけれど、そのわずかな距離は無限に遠いように思われた。

日高山脈・静内川
コイボクシュシビチャリ川

わが究極の地・
大イワナの滝壺への
遡行

昭和四七年八月、再び日高山脈の奥地へ

東渓会の関口君と北海道の渓流を釣ってから一年が過ぎた。その間、私は胎内川や三面《みおもて》川、逆河内《さかさごうち》など、いくつかの川を攻めていたが、来年の夏の釣行地《ちょうこうち》は、絶対に北海道の日高だ、と決めていた。

元浦川のソエマツ沢や豊似《とよに》川で見た巨大なイワナたちの群泳は、私の目に焼き付いて離れなかったからだ。私は本州の渓流を歩いている時も、釣友たちに「日高へ行けば、ものすごくデカイ魚が群れをなして泳いでいる。絶対釣れる」と言いふらし続けていた。

それを聞いた仲間たちは、最初、疑い深そうに「本当に釣れるの？」と聞いて来るが、私が大イワナの写真や魚拓を見せると、皆は一様に「ゴクリ」と生唾を飲み込み、黙ってしまう。そして、必ず「来年は俺も連れてってくれ」と言うのだった。

しかし、北海道ともなれば、最低一週間は会社を休まねばならない。サラリーマン釣り師では、これはほとんど不可能に近い。結局、いざ釣行に行く段になると、こうした人はたいていだめで、パートナーとしては無理だった。

渓流釣り、それも源流のような所に行くには、最低でも三日、余裕を持たせたければ五日くらいの日程が欲しい。これをまともな仕事している人たちが作り出すのは至

カムイエクウチカウシ山
1979.4
1737
魚止
カンナカムイ沢
ヤマメ止めの滝
シカシナイ岳
1627.9
イワナノ沢
魚影濃い
1427
コイカクシュサツナイ岳
1719
コイボクシュシビチャリ川
広い河原で足場よい
1167
峠ノ沢
ビバーク
1362.0
西川岳
ナナシノ沢
大きなガレ
ナリノ沢
ヤオロマップ岳
1794.3
コルになった所から
ナナシノ沢に越す
ことができる
非常に険しい
廊下だが魚影
はうすい
パンベツ岳
1336.5
1742
大河原沢
1112
飯場
静内へ

難なことである。

最近は源流釣りブームであるが、今、盛んに源流へ行っている人たちも私と同じく、まず、自分の休暇を取るのにひと苦労し、さらにその日程に合わせた仲間を探すのに苦労していることだろう。今も昔もそれは変わらないのだ。

幸いというか、当時、親からは勘当の身で学生という気楽な立場にあった私は、休みはいくらでもあったし、仲間も大学の釣り部にはいくらでもいた。お互いがヒマな連中だから、声をかければ一緒に行ってくれる仲間にはこと欠かなかったのである。


昭和四七年八月二〇日、私は中央大学釣り研究会のH君、K君、W君の四人と、東京から苫小牧《とまこまい》へ向かうフェリーに乗り込んでいた。行く先は、日高の静内《しずない》川である。

私以外の三人は、皆、私が吹きまくった大イワナの話に乗せられて、熱くなっている釣りキチばかり。彼等は大イワナが釣れるなら、たとえ針の山があっても乗っ越すのではないかと思えるくらい燃えていた。

「白石さん、五〇センチくらいは釣れるかなア」と、二年生のK君がやや遠慮気味に尋ねた時など、

「馬鹿言え。五〇なんてケチな魚じゃないよ。七〇センチ級のお化けイワナが間違い

なくいるんだ」と、私はオーバーに答えていたため、出発の時からもう、全員がすっかり大イワナを釣ってしまったような気分になっていた。

苫小牧までフェリーで三〇時間かかる。この退屈な時間をどう過ごすか、答えは簡単だった。四人の面子が揃えば、学生の特技・麻雀である。私たちは船が出航してから苫小牧に着くまで、わずかな休憩を除けば、そのほとんどの間中、パイを握り続けていた。

おかげで、苫小牧には本当に短い時間で着いた感じだった。麻雀に熱中しすぎたために、時のたつのも忘れていたのだ。だが、ほとんど睡眠もとらずに麻雀なんかをやった罰は、この後にちゃんと待っていたのである。勿論、その時はまだそんなことに気付いてはいないのだが…。

苫小牧からは、日高本線で静内へ向かった。昭和四七年当時、日高本線はまだＳＬが走っていて、私たちは「汽車、汽車、シュッポ、シュッポ、シュッポ、シュッポ、シュッポッポー」と歌いながらそれに乗り込んだ。

北海道とくれば、昨年、関口君とトライして失敗したギャルフィッシング。観光列車でもある日高本線の中に乗り込むや、さっそく若くてカワユイ女の子を探すが、まだ時間が早いのか、通学途中の女子高生くらいで、目指す魚影、いや、女影の姿は見えなかった。

静内までは苫小牧から二時間。日高地方の、のどかな牧場の中を汽車は走って行く。だが、フェリーの中で徹マンに疲れた私たちは、ギャルもいないとわかると、すぐに眠りこけてしまった。

静内駅には九時頃着いた。ここで食糧を買い込むと、地元の渓流釣りの名人・石名日出男先生を訪ねる。先生は静内の街で耳鼻咽喉科の病院を開業しているが、当時から外国にもひんぱんに釣りに行くほどの人で、別名を石名釣鬼と呼ばれる超ベテランである。この人に静内川の状況を聞こうと思ったのである。

病院に着くと、すでにたくさんの患者が石名先生の診察を待っていた。場違いなニッカーズボン姿の私たちは、一瞬、皆の好奇な眼に合う。「これはまずい時間に来てしまった」と思ったが、遠方から来ているので仕方がない。図々しく、看護婦さんに先生を呼んでいただいた。

先生には前もって手紙を出し、八月二二日頃にうかがうむねを知らせてあったせいか、すぐに出て来られると「よく来たな。さッ、こっちへ上がれや」と言うと、私たちを別棟の応接室に案内してくれた。ところが、部屋の中に入ったとたん、私たちは

「アッ」と声をあげてしまったのである。

八〇センチ級イワナに四〇センチ級ヤマメがずらり

その部屋は応接間兼先生の釣りの部屋になっているらしく、壁の近くには一〇〇本近いホルマリン漬けのビンが置いてあるのだが、その中身の魚が巨大なイワナやヤマメばかりなのだ。

「これ、全部先生が釣ったんですか」

「そうだよ。静内でな」

見るとイワナはほとんどが六〇センチを超えているし、ヤマメだって四〇センチ近い奴ばかりである。

「デッケェ」私たちが感嘆の声を出す間、先生はニコニコしていて、「たいしたことない。このくらいで驚くようじゃ、静内川の大物は釣れないぞ。ま、ゆっくりしてコーヒーでも飲んでけ」と言う。

「でも、先生、今、患者さんたくさんいて忙しいでしょう」

「ちょうど手術中だったんだけど、ま、いいや、少しくらい」と、悠然としている。

手術台の上では恐らく患者が、痛くてうなっているのだろうが、そんなことは一向に気にしない風である。その振る舞いからして、まさに大名人の貫禄十分、という感じである。

先生はコーヒーを私たちにすすめながら、静内川の現状を話してくれたが、その内容がこれまた凄まじいものだった。

イワナは奥に入れば四〇センチくらいは普通、大きいのになれば八〇センチ級もいる。ヤマメは本流筋では尺物ガンガンだし、四〇オーバーもたくさんいる。静内川は日本の渓流釣り場では、最高の所だと言うのである。

その話がオーバーでないのは、目の前にあるたくさんのホルマリン漬けや、見事な魚拓（先生の直接法によるカラー魚拓は、魚の大きさとともに素晴らしかった）が証明していた。私も今までに大きなイワナは釣って来たつもりだが、そんなの問題にならないくらい大きな魚がゴロゴロしているのである。

先生は私たちに静内での釣り方からポイントまでを詳しく教えてくれた後、最後に、「じゃア、頑張って行ってこい。五〇センチくらいは楽に釣れるから」と言って送り出してくれた。

病院から帰りに乗ったタクシーの運転手でさえ、釣鬼という名前を知っていて、「あの先生は釣りの天才だ」と言っていたことからして、地元での評判も相当なものであるらしかった。私たちは先生の話に半ば圧倒され、半ば大物の夢が現実性を帯びて来たことに興奮を覚えつつ、いよいよ静内川の源流へ出発したのだった。

静内川は日高山脈の名峰、ペテガリ岳及びカムイエクウチカウシ山から流れる非常に流程の長い川で、その語源はアイヌ語のシュッツ(麓)ナイ(川)という言葉から来ているという。

全長は約一〇〇キロで、河口から二五キロの所で二つの大きな流れに分かれる。左をシュンベツ川(西の沢)、右をメナシベツ川(東の沢)と呼ぶ。そして、本流であるメナシベツ川は、さらに三〇キロ上流で右のペテガリ岳へ突き上げるコイカクシュシビチャリ川と、カムイエクウチカウシ山から流れ出す左のコイボクシュシビチャリ川に分流する。

これらの川の中で、石名先生が、大イワナの釣り場として挙げてくれたのは、コイボクシュシビチャリ川である。ここは、現在は林道ができてしまったが、私たちが行った昭和四七年当時は、まだ出合の少し先までしか道がなく、源流部はほとんど未開のまま残されていて、手つかずの大物がいるはずだと言うのだ。

静内で頼んだタクシーは、双川《ふたかわ》にある営林署の分室で入山許可証をもらうために一度停まった後、一気にコイボクシュシビチャリ川の林道終点に向かった。

六〇メートルの断崖から転落する事故発生

車道はナナシノ沢の出合の所で崖が崩れていて、車が進めなくなっていた。私たちはここでタクシーを降り、いよいよ歩き始めるが、車の通れる道はまだ四キロほど続き、車道が完全に切れた所では、ブルドーザーがしきりに土砂を切り崩していた。さらに道を造っているようだった（現在は道は完全に完成している）。

林道工事の現場を過ぎると、道は急に踏み跡程度のトレイルとなった。それも最初は比較的歩きやすかったのだが、しばらくすると笹の密生がひどくなり、私たちの歩行のピッチは急速に落ちて来た。

二時間も歩いたろうか、大きなガレに出合った所で、ついに踏み跡もなくなった。地図を見ると今日の野営予定地である峠ノ沢は間近なので、ここから谷に降りて、川通しに遡行した方がいいように思われた。足元はかなり急傾斜の岩場だが、ブッシュ帯を選べば、降りられないことはない。K君が空荷になって、すっぱり切れた急斜面を偵察して来る。谷底までの距離は約六〇メートル。なんとか下降できそうとのサインを確認してから、私を先頭に降り始めた。一〇日分の食糧の入ったザックは重すぎると思ったが、危険は感じなかった。ただ、昨日の徹マンの寝不足からか、多少、体がふらつくのが気になった。

最初の一〇メートルほどを容易に下降した。そこから左にわずかトラバースし、小さな尾根に取り付けばいい。それは決して難しい横断ではないように見えた。私は右手でアジサイの株をつかまえると、左手いっぱいの所にある灌木に手を伸ばす。しかし、良い足場がない。場所が垂直なので、足元がうまく見えないから、左足を出して足探りで探すしかないのだ。

ところが、私の体がやや左に傾いたところで、肩の重い荷がぐらりと左に動いたのである。私の体は振られて左にねじれると同時に、左手で握っていた木が短い音をたてて折れた。「アーッ」と声をあげて、右手に全体重を掛ける。次の瞬間、右手のアジサイが根元から抜け、私の体は谷側の空間に浮いていた。

周囲の葉が緑色の回転灯のようにグルグル回り、ズボンのすそが風を切ってバタバタと鳴った。私の体は恐ろしいスピードで岩場を落下して行く。墜落したのだ。色々な考えが一時に浮かんだが、とにかくもうだめだと思った。

ところが、数度岩に体を打ってバウンドした後、不意にガツーンという強烈なショックで墜ちるのが止まった。一体自分がどうなっているのか、全然わからなかった。

ただ、上の方でしきりにホイッスルが鳴るのが、ぼんやりと聞こえているのだった。

それからどれくらい時間がたったろうか。誰かが叫びながら降りて来る音がする。私も応えようとするが、声が出ない。気が付くと口の中が泥でいっぱいだ。ひどく息苦しい。よく見ると私の体は大きな木にザックが引っ掛かって止まっている。そして、ザックの背負紐が私の首を締めつけているのだ。

私は急激な動作を用心深く避けながら、少しずつ手足を動かしてみた。骨は折れていないし、頭も打っていないようだ。助かったらしい。凶悪な白浪の谷が三〇メートルほど下で私の墜落を待ち受けているのが見えた。三〇メートルの高さといえば、一〇階以上のビルの高さである。それが途中の木に引っ掛かるなんて、とても幸運だった。下まで墜ちていれば、もちろん命はなかったろう。

しかし、助かったという喜びも何も感じられなかった。私は苦しい姿勢を直す元気もなく、木に引っ掛かったまま救出されるのを待っていた。

しばらくして、上の方にW君の顔が見えた。ところが、その直後に「ウワーッ」という悲鳴と「ガツーン」という音が響きわたった。また、ホイッスルが鳴った。助けに来たW君が落石に打たれたのだ。私以外にも仲間がやられるなんて、えらいことになってしまった。上部のただならぬ出来事に、私は最後の力を振り絞り、体を持ち上げてザックを外した。

今思い出しても、どうしてそんなことができたのか不思議だが、私は火事場の馬鹿力を出すと、垂直の岩場をW君が倒れているところまで攀じていった。彼は左手をひどく痛めてうずくまっていた。そこへすぐに四年生のH君が下降して来て、二人を上の道まで誘導してくれる。

平らな道に出たとたん、私はヘナヘナと座り込んでしまった。シャツはボロボロに裂けているし、首と腰が猛烈に痛くなって来た。しかし、それはまさにまだ自分が生きている証拠だった。この時、初めて「自分は助かったんだ」という思いが、胸の底の方から吹き上がって来たのだった。

どんな場合にも冷静さを失うことのないH君が、てきぱきと行動し、すぐにツエルトを張ってくれた。彼以外は皆顔面蒼白であった。W君は左手が全然動かないらしい。計画は中止か？　私はその夜、首と腰の激痛に悩まされながら、まんじりともせず長い一夜を過ごした。

自分の不注意から事故を起こし、計画が中止されるなんて、仲間たちが、この日高釣行にどれほどの情熱を傾けていたか。もし、これが中止となれば、彼等の落胆ぶりは痛いほどよくわかった。彼等のためにもそれだけは避けねばならないのだ。

烈火のような激痛で一睡もできなかったが、朝になると私は知らんぷりをして痛さをこらえた。体がなんともないと思わせるために無理矢理笑顔を作ったりした。仲間の不安そうな眼が、私の顔を探るようにのぞき込む。

うまくいった。彼等はすっかり信じて安心しているようだった。私は今日だけは休んでいたかったが、痛い体にムチを打ってでも出掛けなければならない。そうでないと、本当に計画は中止されてしまうからだ。

それにしても船の中で徹マンなどしないで、睡眠をとっておけば、こんなことにはならなかったろうに。私は自分の失敗を反省しつつ、再び同じ崖を川底に向かって降りて行くのだった。

奇跡的な幸運によって九死に一生を得る

昨日、私が墜落した斜面を上から見ると、スッパリ切れた岩場になっている。そこに一本だけ生えている木に、私は奇跡的に引っ掛かったのだった。墜落の一部始終を見ていた仲間の話によれば、私の体は岩にたたきつけられるように数回バウンドし、まっさかさまに墜ちて行ったという。私が墜ちて行く方向には私の墜落を止めるような障害物は何もなかった。ただ、のっぺりとした垂直な岩壁が待っていて、そのまま行けば私の死は確実だった。

ところが、何という幸運だろうか。私の体は最後のバウンドの時、大きく左側にイレギュラーしたのである。そのまままっすぐ墜ちれば、絶対助からなかったのに、左側の一本だけ生えた木の方に方向転換し、その付け根の所に私の体が引っ掛かったのだ。

改めて見て、よくあんな所から墜ちて助かったものだ、と感心するくらいの急斜面である。そこを、今朝、私は再び降りて行かねばならないのである。

昨日の墜落時に受けた恐怖感と、全身の打撲による痛みで、私はうまく降りることができなくなってしまった。しかし、怖くても、また、体が痛くとも私は降りなければならない。そうでなければ、仲間が私を病院に連れて行ってしまい、今回の釣行計画は、中止になってしまうからだ。

下降はH君を先頭に、私が墜落した所を避けるように行われた。私が墜ちた所は、今もまだ小灌木がなぎ倒された跡があったが、H君はそれを避けて、そこより少し上をトラバースして、左の尾根に辿り着いた。

谷底に着くまで、ずいぶん長い時間がかかったような気がした。私は痛い体を庇うように、慎重に降りて行き、ついに安全な場所に達することができた。

コイボクシュシビチャリ川の川底は、深い廊下になっていて、両岸は高く切り立っていたが、遡行はさして難しくはないように見えた。そこで私たちは、ただちに降りた所から釣り遡ることにした。

ところが、いざ釣りを始める段になって、私には大問題が発生していることがわかった。昨日の墜落の時、ビクの中に仕舞っていた仕掛け入れが、どこかへすっとんでいってしまい、仕掛けどころか、ハリやオモリさえなくしていたのに気が付いたからだ。

丈夫なことで知られるあのテンダー製のカゴビクも墜落のショックでグニョグニョになっている。この中へ入れておいた仕掛け入れが、割れた竹の穴からとび出してしまったのだ。

結局、私はK君から、彼が作った仕掛けをもらって釣ることにした。だが、K君には申し訳ないが、人が作った仕掛けというのは、どんなに良くできていても、しっくりいかない。自分の釣り方に合ったようにはできていないからである。

川は水量も多く、魚は相当多そうな渓相をしている。仲間たちの後について私もさっそくエサを流してみた。しかし、自分の仕掛けでないのと、昨日の事故の痛みが激しく、いまいち釣りに乗らない。

五～六回流してもアタリがないので、しばらくはサオを出さずに仲間の後をついて行くことにした。だが、良さそうなポイントを攻めて行くのに、アタリは意外に少ない。たまに釣れても八寸くらいのイワナだけである。

コイボクシュシビチャリ川の入渓点付近での釣りは惨憺たるものだった。これが本当に北海道日高の渓《たに》であるのか、疑わしいほど魚が釣れなかった。まれに釣れると小型ばかりだし、私の方といえば、首や腰がキリキリと痛んで、ろくに歩くこともできなかった。

唯一の救いとなったのは、峠ノ沢の出合の先に恰好の野営地を見つけたことだった。私たちは重い足どりで、ハンノキに囲まれたゆるやかな砂地に荷を運び、そこにテントを張った。

広い河原はいつしか霧につつまれ始め、陰鬱な乳白色の帳が低くたれ込めて来ていた。突然、駆け足でやって来た驟雨《しゅうう》が、白い砂地を濡らして行く。

急いでテントの中に逃げ込まねば濡れてしまう。だが、疲れた体の私たちは、逃げる元気もなく、濡れるにまかせてそこに座り続けているのだった。

翌朝、夜来の雨は上がっていた。清新な早朝の光は、ハンノキの広い葉の上で躍り、その向こうに日高の豊艶な峰々が、黎明の中に浮き上がっていた。昨夕、私たちを幽愁の中に引き込んだ霧も、今はゆっくりと上方に流れ、抜けるような青空に消えてゆく。

今日はサブザックだけの軽装で源流部を目指す。若い仲間たちは昨日の疲れもとれ、自信に満ちた足どりで、輝く高峰の方にまっすぐに歩き始めた。

三〇分ほどとぶように歩き、地元の人たちの足跡もなくなった付近から、三人がサオを出した。私は墜落のショックがまだ抜けきらないので、釣りはやらず、もっぱら撮影に従事する。

小沢の奥から伝わる大イワナの律動

人の足跡が消えた所から先は、これが昨日と同じ川か、と思うくらいイワナが釣れ始めた。

それもほとんどが九寸以上で、三尾に一尾は尺上である。こんな上流まで釣りに来る人はいないのだろう。素晴らしい魚影の濃さである。

下流の険しいゴルジュ帯とはうって変わって、コイボクシュシビチャリ川は、どこまでも平坦な河原が続いていて釣りやすい。三人が次々と釣り上げて行くのをカメラに収めるにも、決定的瞬間には事欠かない。水面で大物を暴れさせているところ、尺物のゴボウ抜きの瞬間など、面白い写真をたっぷりと撮ることができた。

彼等を追って三時間も遡ったろうか、左から小さな沢が入って来た。地図を見ると、イワナノ沢とある。まさに、これ以上のネーミングはないと言える、最高の沢が出合って来たのだ。

少々写真を撮ることに飽きていた私は、その沢をのぞき込んだ。すると、光の金箔を散らした暗い彎曲の奥の方から、大イワナが放つ、遠い生命の律動のようなものが伝わって来る気がした。私は不気味な妖気の漂うこの小沢の息吹きをかぎ取るように、神経を集中する。

絶対にこの沢には大イワナがいる！　なかば動物的な、動かし難いようなひらめきが、私を捕捉していた。私は期待感に震えながら、そそくさとサオを出すと、仲間のうちの誰か一人が同行してくれないものかと頼んだ。彼等は驚いたように、「こんな気持ちの悪い沢に入るの？　いかにもクマが出てきそうじゃないか」と言って、怯えた顔をしている。

「クマ？　そんなもの大丈夫、平気だよ。二人で行けば連中だって逃げちゃうさ」と言うが、皆は当惑気に顔を見合わせるだけで、誰一人として同行を申し出る人はいない。

「俺たち、本流を釣ります……」

この答えに、私も一瞬、ためらいが起きた。しかし、私は元々が動物に対してそれほど恐怖というものは持ち合わせてはいない。それに今の時期、クマは稜線近くにいて、谷にはめったに降りて来ないだろうし、仮に出会ったところでよもや殺されることはあるまいと、自分自身に言い聞かせ、一人で沢に入ることにした（実際には三年前にコイボクの最源流で九州の大学生数人が、ヒグマに食い殺された事件があったのだが、それはこの際、意識的に考えないことにしていた）。


一生に一度あるかないかの大漁に出っくわす

「一時間釣ったら出合に戻って来てくださいよ」と、背後で仲間が叫んでいるのを「うん、うん」と半分聞き流し、私はいそいそと沢に入って行った。そして仕掛けを結び、ハリにキジをつけた頃には、もう、釣りたい一心からクマのことなど、ころりと忘れていた。

クマの心配なんか最初からなかったかのように、初めてのポイントに立っていた。そこは小さな落ち込みで、どんなにひいき目に見ても、小さいものがいるかいないかという程度のポイントだった。

まずは小手調べ、とばかり、軽い気持ちでそこへエサを投げ込んだ。すると、キジが水面に落ちるやいなや、黒い点みたいなものが、いくつもの線となってスーッと走った。

一尾、二尾、三尾、四尾……。どこからともなくたくさんのイワナが躍り出て、あれよあれよという間にエサの奪い合いを始めたのである。

一尾がエサをくわえたので、それに引かれて目印が動いた。と見る間に、別の魚が、その目印にジャンプした。赤い山吹の柔らかい芯は、一瞬にして食いち切られ、その衝撃でイトがグッと張ると、下の魚がハリに掛かってしまった。なんと、私が何の手出しもしないのに、魚が勝手にじゃれ合って釣れてしまったのである。

少しの間、私も一体どうなっているのかわからなかった。そして、私と同じく、起こったことを理解できずにいる六寸くらいのかわいいイワナのキョトキョトした瞳と、困惑する私の目が出会った。私は苦笑しながらその魚を放してやった。

最初の一投で目印を食われてしまったが、時間がない（私に与えられた時間はたった一時間だけである）ので、そのまま目印なしの仕掛けで釣りを続けて行くことにし、今度はもう少し大きめのポイントを狙う。

すると、まだエサが水に入らぬうちに、また小イワナが跳ねて、サオをたわませた。どうやら、この沢は、大イワナどころかジャリイワナの巣のようで、コイボクシュシビチャリ川の産卵場らしい。とにかく、どんな浅い所でもイワナがいて、エサ取り競争をするのである。こんな小さなイワナを釣ってもしょうがないから、ここで、小さいのは放流できるように、ハリをアゴのないアユ掛けバリにし、大型のいそうな所だけを選んで釣って行くことにした。

魚がエサを食う所が全部見えてしまうので、小型が来たら急いで仕掛けを上げ、尺以上だけを狙い撃ちにする。この作戦が当たって、一時間で制限尾数の二〇尾を釣り上げることができた。

型は最大尺三寸で、全部尺物だから、壊れかかったテンダーのビクには入りきれない。はみ出た魚はクマがサケを吊るすように、折った木の枝に差したが、すごい量である。放流した魚はこの倍あるから、一時間に四〇尾は釣ったことになる（勿論、今ならこんな乱獲は許されないだろうが）。

これまであちこち魚影の濃い所へ行ったが、これほど速いペースで釣れたのは初めての経験だった。それは恐らく、私が一生のうちで、もう二度と出会えないのではないかというくらいすごい大漁であった。

あまり釣れすぎたおかげで、私は長年愛用していたベレー帽をなくしたのも気付かぬほどだった。

湯気の出るホヤホヤのヒグマの糞にさすがの私も退却

くねった沢は蜿蜒《えんえん》と続き、遠く魚止に至る急流の先の方には、私が最初に感じていた大イワナの予感が漂っていた。

しかし、もう時間が来てしまった。尺三寸しか釣れなかったが、戻らなければならないのだ。

「この続きは明日だ」と、私はつぶやきながらサオを仕舞うと、後ろを振り返った。その時、不意に異様な物が眼に入った。

黒く大きな塊が砂の上に転がっている。何か動物の糞のようだが、その量が異常に多い。私は直感的に、それがヒグマの糞であることをすぐに理解した。

だが、驚いたことには、その糞は、たった今放たれたらしく、まだ温かそうに湯気さえ立てていたのである。ほんの数分前に、この場所に巨大なヒグマがいたのだ。

奴は私が釣りをしている所を見ていたのだろうか。

そう思うと、急にヤブの多い小沢の中に、たった一人でひっそりと立つ自分に気が付いた。背中を寒いものが流れた。全身から血の気が引くような、めまいを感じる。

もう何も考えている余裕はなかった。ただ、一目散に、私は出合に向かってかけ出していたのだった。

暗い緑の壁の向こう側から、私を見つめる無数の冷たい眼差があるような気がして、私は横を向くことも、振り返ることもできなかった。少しでも早く皆の所に帰れるように、ひたすら前方だけを見つめて走った。何度も石につまずいて転んだ。そのたびに手や足は傷つき、血がにじんだが、私は明るい本流との出合が見える所まで、夢中で走り続けたのだった。


四三センチ、四五センチの大イワナと尺ヤマメ二本

イワナノ沢出合では、すでに仲間たちが私を待っていた。私はビクに入りきらなかったイワナを、木の枝に吊して両手で持っていたが、それが遠くから見ると、何か変な物をぶら下げているように見えるらしい。

「何を持っているんだろうか」というような顔をして、全員が私を見ている。

「釣れたぞーッ」と、私は魚を吊るした枝を押し出すと、H君が呆れたような顔をして、

「一体何尾釣ったの。あ〜アッ、こんなに乱獲しちゃって」と言った。

「乱獲？　そう言えばそうか。でも、これでもちゃんと制限尾数の二〇尾しかないんだよ」

魚が釣れなくなった現代の釣り師に聞かれれば怒られるかもしれないが、昔は一日二〇尾が制限尾数だった。私はそれいっぱいに釣ってしまったのである（現在は私はほとんどキャッチ・アンド・リリースをしているので、昔の罪は許してもらいたい）。それも、一尾ずつ魚体が大きいため、あの大型のテンダーのビクの中にも五尾しか入らない。残りを木の枝にぶら下げたのが、ものすごい量に見えたのである。

しかし、私の方も大漁だったが、本流組もこれまた大漁であった。仲間たちが私に誇らかに示す釣果の中には、四三センチの大イワナと、二本の尺ヤマメが入っていた。

大イワナの顔はその大きさにもかかわらず若々しく、まだ戦いを続けているかのような精悍《せいかん》な表情をしている。他方、三一センチと三二センチのヤマメは、頑丈な下顎が老齢のために曲がっていて、黒く錆びた魚体は、厳しい生を生き抜いて達した孤高

の境地を歩んで来たかのように見えた。

私は、この若いイワナと年老いたヤマメを見ているうちに、何故か「若き者は力及ばずたおれ、老いたる者は力尽きてたおれる」というイザヤ書の一節を思い出してしまった。戦いには常に覇者と敗者がついてまわるのだ。


次の日は、H君たちが続けざまに尺ヤマメと大イワナを釣り、あげ句のはてにはもっとデカイ奴にイトを切られたという滝壺のすぐ下から釣り始めた。なるほど、彼等が言うとおり、大きなイワナが集まっているようによく釣れる。

問題の滝（といっても二〜三メートルくらいの低いものだが）は、左手からカンナカムイ沢が流入する少し先にあって、そこは長い岩の堡塁によって隠されていた。

昨日、W君がここでイトを切られている。復讐心に燃える彼等は、我先にと滝壺へ突進して行った。その熱気に押されてしまい、新参者である私は、遠慮してカンナカムイ沢にちょっと入ってみることにした。

しかし、この沢はすぐ魚止となってしまったので、再び本流に戻る。滝壺の所では、三人がしぶきを浴びながら仁王立ちになっていた。

「釣れた？」

「うん、四五センチ」

と満足そうな顔をしながら、K君が指で岩陰の方を示した。そこには大きなイワナが、まだ苦しそうに反転しながら喘いでいた。見ると、口の中から真新しい二本のナイロンイトが出ている。昨日W君がばらした魚である。

K君は以前にもW君がバラした五一センチの大イワナを、その直後に釣ったことがある。人が逃した魚を手にするのがとてもうまいのだ。昨日だって、尺ヤマメを釣っているし、彼は快調そのものである。

それにつけても私はどうだ。数は釣ってはいるが、まだ自慢できるほどの大物は上げていない。事故による体の痛みも大分とれてきたし、ここは頑張るしかないのである。

私は四人の先頭に立って、ビシバシと釣り始めた。四五センチが出た滝の上は、まだ小さな滝が連続していて、下流から遡上したヤマメは、どう考えても、そこを乗っ越すことはできそうもないように思えた。

案の定、滝上にはヤマメの姿はなかった。それどころか、どこの渓流でも見られるあの現象、すなわち、滝のすぐ上流は魚影が薄い、という現象がここでも貫徹されていて、数尾の小さなイワナが釣れただけだった。

仲間を押しのけて、がむしゃらに先頭に立った私の場違いな噴火は、あっ気なく息絶えてしまった。魚は釣れないうえに、滝ばかりあって、釣りにならないのである。

大イワナの滝壺

小滝の上は再び広い河原が続き、緩い流れの溜まりからは、また、尺級のイワナが釣れ始めて来た。はてしなく続く河原のずっと上の方に、日高山脈の雄・カムイエクウチカウシ山の白い三角点の標識が、キラキラと光を反射して輝いていた。カムイとはアイヌ語で神、つまり、クマのことであり、エクウチカウシとは転げ落ちるという意味から、クマも墜ちるほど急峻な山ということである。

私たちはもう、日高山脈の峰々に手が届きそうなくらい奥に入り込んでいたのである。小滝から三時間、ずっと入れ食いが続いていた。しかし、私は三九センチくらいは何本か釣ったものの、四〇センチオーバーにはまだ出会ってない。

いくら魚が釣れようと、私にはもう小物は用がない。四五センチ、いや、五〇センチオーバーの大イワナだけが欲しいのだ。私は次第にあせりがつのっていった。

その時、前方に続いていた広い河原が急激にすぼまって、ゴルジュ状になって来た。そして、その先に聳立する岩盤の間に、二段の小さな滝が見えて来ている。下段の滑状の滝に比して、轟音を響かす上段の滝を見たとたん、私は「この滝の下には、すごい大物がいる。ここは大イワナの滝壺に違いない」という思いが、ふつふつと湧いて来たのである。

滝壺を前にした時、四人は一瞬たじろいだ。誰がこの滝壺で最初にサオを出す幸運に恵まれるのか、皆がそれぞれに考えていたからだ。第一投ができれば、恐らく、とてつもない大イワナが釣れる可能性があるだろう。しかし、そのためには、皆を押しのけてでも前に出なければならない。最初に釣ってみたいけれど、人を押しのけるようなみっともない真似はしたくないと、皆もじもじしていたのである。

恥も外聞もかなぐり捨てて、最初にとび出たのは私である。こんな時に妙に気取ったために、仲間に先を越されたってしょうがない。とにかく、今の私は超大物を釣らなければならないのだ、と恥をしのんでとび出したのである。

ところが、もう少しで滝壺に達しようとする所で、あわてていた私は仕掛けを木の枝に引っ掛けてしまった。なんたることだろうか。大事の前の小事、つまらぬことに時間を取られてしまったのである。じりじりしながら仕掛けを外している横を、同じく不漁組のW君が、私を横目でちらちら見ながら、ゆっくり追い越して行った。「この滝壺は僕のものだ。先輩、すみませんねえ」とでも言うかのように、ニコニコして行く。彼は下段の滝壺が浅くて見込みがないと判断したのか、いきなり上段の壺にサオを出し始めた。そして、遅れをとった私が、ようやくW君の所へ着いた時だ、「来たーッ!!」と、大きな声をたててW君がサオを煽った。風濤《ふうとう》正に天を蹴るかのような大声に、ドキンとして滝壺を見る。

するとと、ああ、なんとしたことか。さっき仕掛けを木に引っ掛けなければ、自分が釣ったであろう大イワナが、藍い水面をのたうっているではないか。

あまりの大物に、足をガクガクと慄えさせながら、W君はその大物を取り込んだ。それを私は、羨望と哀惜がごちゃ混ぜになった複雑な気持ちで見つめていた。W君のイワナは四三センチだった。

四三センチで始まったドラマは七〇センチ二本で最高潮に達した

W君の笑顔に私はすっかり追いつめられてしまった。もしかしたら、このまま大物に見放されてしまうのではないだろうか、という不安が起こって来る。

と、そのときである。私のサオ先に何かがエサをくわえる感触が伝わって来た。一瞬のうちに全身がこわばった。私の全神経はサオ先の一点に集中した。

わずかにサオを立て、聞いてみる。起きかかった穂先が、ズズーンと水面に引き込まれた。電撃に打たれたように夢中で体勢を立て直しながらアワセをくれ、イワナの大きさを判断する。

　引きは強烈だった。それはかつて経験したことのないような激しい引きだ。渾身の力でサオを立てるが、奴は下の方で暴れていて、なかなか浮いて来ない。

　私と大イワナは、張りつめた緊張の頂点の所で対決していた。しかし、勝負は互角ではないように思えた。一・五号という極太のハリスと柔軟なサオの弾性に、大イワナの力は次第に押されていくように思えたからだ。

　魚はそれでもかなり長い時間、藍い水底を泳ぎ回った後に、突如として輝く神秘の魚体を水面に現わした。

「うわーッ、なんだあれは⁉」

「でっかい。七〇センチはある」と誰かが周りで叫んだ。

　幽邃《ゆうすい》の底から悠揚してきた大イワナは、イワナというよりは、まるで巨大なサケのような姿をしていた。少し前にW君が釣った四三センチが、子供のように思えるくらいに大きい。勿論、こんな巨大なイワナを見るのも釣るのも初めての私は、それを見たとたん、ビビってしまった。

　私が押し気味に進めていた勝負が、ここで急に逆転した。魚の大きさにあわてた私はサオを引く力を一瞬緩めてしまったのである。大イワナはハリに掛かってしまったことなど、全く意に介さないかのように悠々と泳ぎ、人間どもの喧噪とはうらはらな、不思議な静けさを保ち続けていた。

水面に現われても、一向に手元に寄って来そうもなかった。そんな魚の落ち着き払った態度に、私は次第に苛立ちを覚えて来た。

「あわてるな」と自分に言い聞かせていたものの、やはりあせっていたのだろうか。タマアミを構えるK君の方へ、強引に引き寄せようとしてしまったのである。

その刹那、驚くほど強靭な力で反転してゆく魚体の白い閃光《せんこう》が、暗い水面に走った。弛緩していたイトが急激に限界点に達しようとしていた。

私は両手でサオを持って魚の疾走を止めようとした。けれども、水面を狂ったように暴れる魚の引きは恐ろしいほどで、一・五号のイトで止めることなどできそうもないように思えた。私は力を抜き、少し遊ばせようとした。

その時、一瞬の虚を突くように、魚は下流に走った。そして、そのまま一気に滝の落ち口から下の滝壺へ跳び降りてしまったのである。サオに魚の重さが感じられたのは、ほんの短い時間だけだった。その重みに耐えるには、イトはあまりに細すぎた。魚は滝の白泡から一瞬、空間に跳び出し、輝く魚体を完全に見せた後、下の滝壺へ落ちて行った。

なんという奴だろうか。私たちのスキを狙って、下の滝壺へ跳び込んで、イトを切ってしまったのである。


ところが、驚くべきことはまだまだ続いたのである。四三センチと七〇センチ級が出た滝壺で、私たちはなおしぶとくサオを出し続けていた。柳の下にドジョウが三尾いると信じたわけではないが、ただ漠然と「まだいるかもしれない」と思いつつ、サオを出していたのである。

私たちは四人が並んで仲良く一つの滝壺を釣っていた。それが、どういうわけか、再び私のサオにアタリが来たのである。

私は三つ数えてからアワセをくれた。グッという重さが手に伝わって来るが、先程のような重量感はない。「なんだ、小物だよ」と言いながら、力いっぱい魚を浮かせにかかった。

だが、水面に出る直前になって、さっきにも増してすごい引きが私を襲った。

「ムムッ、こいつは何だ」

私はうめいた。

「デカイ、デカイ、白石さん、さっきと同じくらいあるよ」

K君が水面を見て叫んだ。何と、先程とほとんど同じ大きさのイワナがもう一尾、私の仕掛けに掛かって来たのである。大きさはやはり七〇センチ近くある。

「これはバケモノだ」

一体全体、川にこんな大きなイワナが本当にいるものなのだろうか。その後、アラスカで七〇センチ以上の北極イワナを釣ったことはあるが、国内のイワナ釣りしか知らなかった当時の私には、信じられないような大きさであった。しかも、同じポイントから二尾連続してヒットしたのである。

私はタマアミを持つK君とW君を、今度は滝の落ち口の方へ立たせた。さっきと同じように下の滝へ跳び込まれれば、イトはひとたまりもなく切れてしまう。

大イワナは何度か疾走を試みた後、落ち口の方へ泳いで来た。しかし、K君のさし出すタマアミに驚いたのか、いきなり沖の方へ走り出すと、そこで、急激に下に潜り始めたのである。

私は先程と同じく、両手でサオを持ち、大イワナの引きに耐えた。

「グン、グン」という引きは、ほとんど暴力的とも言えるほど強烈で、何度かの引き込みの後、私は直感的にもう耐えられないと思った。

激しい、引ったくるような衝撃で、一・五号のイトはあっけなく緊張の極を超えていった。張りを失った目印は、不意に激しい動きを止められ、空しく揺れているだけだった。

完全に力負けだった。私の力が弱すぎたのではなく、相手があまりに大きすぎたのである。それは私が持つ、渓流の大イワナという概念をぶち壊すのに十分な大きさであった。私は自分が完璧に打ちのめされたことを感じつつ、うつろな姿でそこ、すなわち、大イワナの滝壺の前に立ちつくしているのであった。

日高の渓はなんとすごいのだろうか。小さな滝壺に七〇センチはある大イワナが二尾も潜んでいたのだ。いや、その前にW君が釣った四三センチも入れれば、一つの場所に三尾の大物がいたことになる。

七〇センチの大物は、この日、ついに私の手に入ることなく、深い滝壺の底へ消えて行った。

あの日からもう一五年が過ぎようとしている。その間、私は様々な渓に通ったけれども、あの〝大イワナの滝壺〟で掛けた大きさに匹敵するイワナに出会えたのは、その後、たった一度だけ。それも同じ静内川の大支流であるシュンベツ川で、やはり七

○センチはある大イワナに出会っただけである。

人間、一生の間には、時々、運命の気まぐれみたいに、〝人生の最高の瞬間〟というものが現われることがある。平凡な時の流れのある一点に、不意に、それまでの時の流れとは一線を画するような重要な時間が出現するが、不幸なことにはそうした頂点のような瞬間が、いつ現われるのかを私たちは知ることができない。運命の一瞬は不意に現われ、すぐに消え去ってしまう。心の準備もできていないうちに現われ、準備が整った時にはもうどこかへ行ってしまっているのだ。

あんなに大きなイワナがこの滝壺にいようとは、一体、誰が想像できたろうか。確かに滝壺を前にした時、「何かいそうだ」という予感はした。しかし、その魚は私の想像力をはるかに超えた、とてつもない奴だったのである。

私は、一・五号のハリスをぶっち切って滝壺の底へ消えて行った大イワナの凛然たる姿を、ただ茫然としてながめているだけだった。

再び大イワナの滝壺へ

大イワナの滝壺は、峠ノ沢出合のベースから、早足で歩いて二時間半の所にあった。魚をバラしたからといって、簡単に行ける距離ではない。

翌日、再びこの滝壺を攻めようかどうか迷ったが、結局、H君と二人でベースを出発して行った。

昨日まで釣って来た中間部は眼中になかった。私はただ、逃した大イワナのいる滝壺だけを目指して、ほとんど飛ぶような速さで上流に向かって行ったのだった。

そして、あの大イワナの滝壺へと続くゴルジュ帯へは、二時間ほどで着いた。私とH君は無言でサオを延ばし、仕掛けを継いだ。

ゴルジュは一〇〇メートルほど続いて、二段の滝に達する。その下段の滝壺に一尾、上段の滝壺に一尾、いずれも私のナイロン糸をくわえた七〇センチの大イワナが潜んでいるはずだった。

最初にサオを出したのは私だった。私はゴルジュ帯を素早く攻めながら、下段の滝壺へ着いた。だが、昨日見たように下段の滝壺は、あまりに浅く、流れが急すぎた。四～五回エサを流しただけで、私は、下段に落ちて逃げた大イワナが、すでにこの滝壺ではなく、もっと深くて安全な下流のどこか別な場所へ避難したに違いない、と思わざるをえなかった。

上段の滝壺はH君が攻めた。彼はオモリを重くして、底の方を探っている。けれども、同じようにアタリはない。このイワナも、どこか安全な所へ避難したのだろうか。

いや、そんなはずはない。上段の壺は簡単に魚が移動できる場所ではないのだ。

私はH君の背後から、この滝壺にサオを出そうと思えば、十分できた。しかし、何故かこの時、ここでサオを出すことにためらいを覚えたのである。あの時、なぜ上段の滝壺を攻めなかったのか。今となっては当時の微妙な気持ちの変化など覚えていないが、とにかく、ここは釣ってはいけない〝大イワナの聖地〟というような気持ちが起こっていたのかもしれない。

滝上は渓相が良くなって来たが、魚の数は下流に比べると、非常に薄かった。私は滝から二〜三度曲がった小さな淵で、何気なく出したサオに、ついに待望の四〇センチオーバーが掛かって来た。

魚は四五センチをほんのわずかに切る大きさだった。けれども、昨日の大物を見ている私には、それは全く不満なサイズだった。超大物に備えて、二号という馬鹿みたいに太い仕掛けを付けていたから、魚は何の問題もなく、取り込むことができた。一般的にいえば、四五センチのイワナはすごい大物だろうが、そのときの私にはあまりに小さく、役不足の魚にしか感じられなかったのである。

そして、さらに源流から戻る途中、H君がイワナノ沢へ入った。私は半分虚脱状態になって、出合の所で寝ていた。七〇センチのイワナが釣れなければ、もう他のことなど、何の意味もない。「河原で寝てる方がいい」と思ったのである。

H君はクマの恐怖もなんのその、元気に沢の奥へ入って行くと、一時間ほどして戻って来た。右手には一昨日の私と同じように何かをぶら下げている。よく見ると、それは一尾のイワナである。

彼は、私が時間切れで戻った所から釣り始めて、すぐに魚止に達したのだが、そこで四七センチを釣ったのだった。魚止滝は私がサオを仕舞った所から、わずか五〇メートルくらいのところにあったと言う。それまでの間、私はたんねんに釣ったにもかかわらずついに四〇センチオーバーは釣れなかったのに、もう少し先まで釣っていれば、この四七センチも私が釣ったはずだったのだが。

ナナシノ沢出合付近で飯場に招待される

七〇センチ級大イワナには逃げられたが、コイボクシュシビチャリ川の魚止も確認した私たちに、ついに下流へ戻る日がやって来た。その間に私たちはさらに四尾の四〇センチオーバーと、一尾の尺ヤマメ（三二センチ）を追加していた。

私はコイボクも気にしていたが、隣にあるナナシノ沢やペテガリ岳への登山道のあるコイカクシュシビチャリ川にも興味を持っていた。

迎えのタクシーが来るまでには、まだ二日残っていた。その二日間を、私たちは下流部の探釣にあてることにし、ベースをナナシノ沢との出合付近に移した。

ところが、テントを張ってまもなく、近くの林道を工事している飯場の人たちから、何故か気に入られて、お風呂と夕食の招待を受けてしまったのである。私たちは、さっそくお言葉に甘えて、お風呂をいただきに飯場におもむいた。

一週間以上風呂に入っていない汚い体を洗い流す。熱い風呂に入ると、手や足の先がヒリヒリと痛む。岩の凸起などを素手でホールドしたために、手の先の皮が薄くなってしまっているのだ。でも、久しぶりの風呂の味は、なんともいえず気持ちが良かった。

さっぱりしたところで、次は飯。漬け物とイワナの塩焼き以外の物は食ったことのない私たちには、ものすごいごちそうの山である。しかも、ビールなんかもどんどん注いでくれ、早くもK君は酔っ払い始めている。

私にとっては、こうした山の中の飯場の生活というのは初めての体験で珍しく、彼等にいろいろと質問をしてまわった。飯場の人たちは、久しぶりの客に上機嫌で、私の質問に答えてくれたのだった。

飯場の中にはハンティングが得意な人がいて、ヒグマを何頭も獲った話や、ヒグマの日常的な行動パターンなどを教えてくれた。しかし、何より私のためになったのは、本格的な焚火の熾し方とナタの使い方であった。

山の中で生活するには、火は絶対必要なものである。そのためには、どんな状況下にも、一発で焚火を熾せなければならない。雨の日は勿論、周囲がビショビショに濡れた所でも熾せるように、杣人たちは訓練されていると言う。

翌日の夕方、私たちは実際に焚火を熾す方法について、様々な実地訓練を受けた。彼等はまず、ナタの研ぎ方から、薪の作り方まで教えてくれ、次に、実際に焚火を熾してみせてくれたが、なるほど、そのやり方は実に巧みだった。例えば、流れている川の上で焚火を熾す方法では、最初に川底に適当な石を並べたら、その上に、直径一五センチくらいの丸太を密に敷き、下から水で薪が濡れないようにしてから火をつけたりした。

薪の並べ方、火をつける手順、焚きつけ用紙のない時に木の皮を利用する方法などたくさんのことを教えてもらったが、この時の経験はすごいもので、この後、私はどんな条件下でも焚火を熾せる自信がついたのだった。

中流部でもまた四〇センチオーバーに遭遇

さて、飯場での夕食をごちそうになった翌日、私たちはコイカクシュシビチャリ川の出合まで下って、そこから二手に分かれて、コイボクとコイカクを釣り遡った。

私はコイボクに入ったのだが、下流部の水量は非常に多く、徒渉も難しいほどの大川である。しかし、水の多い割には魚影は薄く、上流部に比べると圧倒的にアタリが少ない。その代わり、型はすべて尺上級で、掛かると強い流れに乗って、下流へグングンと走った。

私は、この区間で尺物のヤマメを期待していたが、こっちの方はまったく姿を見せない。上流へ釣り遡って行くにつれ、両岸から何本かの沢が落ち込んでくる。これらの沢を、片っぱしから釣って行く。

沢の最初の落ち込みには、本流からさした超大型のイワナの入っている確率が非常に高いからだ。そして、ナナシノ沢に近づく頃に、ついに絶好の沢と出合った。左岸側から水量のある沢が入って来たのである。

地図を見ると大河原沢と書いてある。それまで左岸側から入る沢は、出合から滝になっていて、釣り場にはなりえないものばかりだったのだが、この沢は奥が深く有望そうである。

私とH君はすぐさまこの沢に入った。特に、一昨日、イワナノ沢で四七センチを釣ったばかりのH君は張り切っている。その彼が最初の落ち込みにサオを出すと、すぐさまアタリがあり、三七センチくらいのイワナが掛かった。

これはこれは、第一投から尺二寸強とは、幸先がいい。続いて次のポイントを私が攻めると、何と、私の方に来たのが四三センチのイワナである。ますますいいぞと、今度はH君が次のポイントを攻める。

すると、またまた四一センチが来た。これはどうなっているのだ。この沢はすごい穴場じゃないかしら、と思い始め、さらに奥へと進んでいく。この調子では、二人して四〇センチオーバーの入れ食いを味わえるかもしれない。私たちはとらぬタヌキの皮算用に、ワクワクしながら釣り遡って行ったのだった。

ところが、次は私の番だ、というところで、滝にぶつかってしまった。滝壺で釣れたのは二五センチくらいのチンピラである。しかし、その上にも魚はいるかもしれないと、二人して滝を攀じて行くと、上流は滝が連続している。

大河原なんて言うから、広い河原が続いているのかと思ったらとんでもない。とても魚のいるような沢ではなく、滝ばかりが続いていて、四〇センチオーバーの入れ食いも、線香花火のように、たちまち消え失せてしまったのだった。

コイカクシュシビチャリ川に入った組も帰って来たが、やはり同じように四〇センチオーバーのイワナを釣っていた。私たちはその日釣った釣果を互いに見せ合っていたが、それは見事な眺めだった。

四〇センチ以上の大イワナが四本、それに三五センチ以上の大物が十数本並ぶ光景など、ちょっとやそっとでは見られないだろう。今日までに釣った四〇センチオーバーは、すでに一〇本を超えていたが、もしそれを刺身やクンセイにして食べてしまわないで、今、ここに並べられたら、一体、どんな有様になったろうか。

静内川というのは恐ろしいほど大型イワナのいる川だったのである。

私の渓流釣りの頂点をなした川

昭和三七年に上高地・梓川で初めてイワナを釣って以来、ちょうど一〇年が過ぎようとしていた。この年、すなわち、昭和四七年に私は静内川を知ることによって、〝大イワナの世界〟への一つの明確な認識を得たのだった。たった一つのポイントから七〇センチ級のイワナが二本も出て来る川が他にあろうか。一週間の釣行で、四〇センチオーバーの大イワナが十数尾も釣れる川が、他にあるだろうか。

〝静内川〟。その川の名前はまだ全国の釣り人の間にはほとんど知られていなかった。

しかし、私は強い衝撃を受け、忘れようにも忘れ得ない名前として、私の記憶の底に焼き付いてしまったのだった。

私は翌年には同じ静内の大支流であるシュンベツ川を下流部から魚止まで遡行し、さらに翌々年には、再びコイボクシュシビチャリ川を攻めるという、いわゆる〝静内詣で〟を始めたのだった。

シュンベツ川でも、またその次の年に再び行ったコイボクシュシビチャリ川でも、同じように四〇センチオーバーの大イワナを何尾も釣り上げることができた。

しかし、その後に私が行った他の多くの源流をも含めて、昭和四八年以降に私が行った釣行の、ほとんどは、四七年にこの静内川・コイボクシュシビチャリ川で体験したことの焼き直しに過ぎなかったと言っていいだろう。

私は昭和三七年からの一〇年間で、自分の釣りを、ほぼ私ができうる最高の地点にまで登り詰めてしまったのだった。時代も私には応援してくれていた。今のように源流は荒れていなかったから、私は最高の条件のもとで、最高の釣りをすることができたのである。コイボクシュシビチャリ川の、あの大イワナがいた滝壺こそ、私の渓流釣りの頂点であり、これ以後の私の渓流行は、すべて、あの頂点に達した瞬間への限りなき回帰でしかなかったのである。

あとがき

『大イワナの滝壺』は、私が渓流釣りを始めた昭和三七年から四七年までの、一〇年間の源流域の釣行《ちょうこう》の中からいくつかを書き綴ったものである。一〇年ひと区切りというが、私にとってこの一〇年は画期的であり、最高の一〇年間だった。

一渓一竿と言われた古き良き時代の渓流釣りの姿が次第に失われ、車や最新の釣り具、装具を使って遠方まで釣りに行く時代の幕開け、そんな時代がやって来たのがこの一〇年間であったと思う。

私が源流へ足を向けたのも、一つの時代の趨勢であり、私はただその時代の波に乗っただけなのかもしれない。しかし、少なくとも、その波の最先端に乗っていたわけで、その点で自分は非常に幸せだったと思っている。

今の時代、四〇〜五〇センチの大イワナを釣るのはとても難しいと言われている。そんな魚が、しかし、私が渓流釣りを始めた頃には、比較的簡単に釣れたのである。私が『大イワナの滝壺』を書いたのも、そんな古き良き時代の源流の大イワナ釣りがどんなものだったかを、一つの記録として他の人たちにも知ってもらいたかったからだ。

今とは比べようもない貧弱な装具を使って、何の情報もなしに、ただ五万分の一の地図だけを頼りに暗い谷の奥へ入って行ったあの時の私。一〇メートル先には滝が現われるのか、大ゴルジュ帯になるのか、皆目見当がつかず、不安な思いで谷を遡行して行ったけれど、私の眼は未知なる世界への興味で、らんらんと輝いていた。

現在のように、ありとあらゆる谷の状況が、微に入り細に渡って紹介されてしまうと、遡行そのものは安心感が得られるだろうが、面白さは半減してしまう。源流の釣りは未知なる世界への、不確定な思いがあってこそ面白いのである。

私は今でも頻繁に源流へは足を運んでいるが、あの、大イワナの滝壺の時代に感じた息が詰まるような感激は、もはや味わうことはできない。確かに、今の私は当時より難しい谷にたくさん行った。しかし、何か満たされないものがあるのだ。

装備が良くなり、情報が氾濫し、どこでもあまりにイージーに行けるようになってしまうと、それだけ喜びも薄れるものなのだろうか。

私が、かつて〝大イワナの世界〟と呼んだ、人間社会から隔離された源流の聖域が、次々と消えて行く今、源流の渓流釣りは、その頂点まで登り詰めてしまったのかもしれない。だが、その先にはどんな世界が待っているのだろうか。

ちょうど、西洋文明を植物の成長になぞらえ「種子が発芽し、開花した後（すなわち、最高度に文明が成熟した後に）、凋《しぼ》むように文明も亡びる」と予言した、狂気の歴史学者、オスヴァルト・シュペングラーが書き残した暗い没落論の世界を連想せずにはいられなくなるのである。彼は暗示的な文章でこう書いている。

「日暮れに、次から次へと凋んでいく花をよく見給え。何か不気味な感じが身に迫ってくるだろう。この感じは、まっくらな夢のような、しかも、土と結びついた現存を怖れる謎のような不安である。黙っている森や草原、あのやぶ、このつるは微動だにしないのだ」（シュペングラー『西洋の没落』第二巻第一章）

我々の前で行われている数々の実験。自然の人為的コントロールの実験は着々と成果をあげつつある。養殖された魚を放し、管理された環境の中で釣らせる実験が……。

だが、そこにあるのは自然の原体験の限りなく薄められた姿でしかない。そして、釣り人はある日突然、自分がニジマスの管理釣り場のような所に置かれていることに気付き、憤然としてサオを置く。

彼等がどんなに大きな魚を釣ろうと、どんなに険しい谷へ行こうと、心の中に拡がる空しい気持ちは消し去りようがないのである。人は文明を最高度に発展させることで、様々なことができるようになったけれど、それによって最も大切なものをもまた失いつつあるのである。

一九八八年卯月

白石勝彦

文庫版のためのあとがき

私が大イワナを求めて源流をさまよった昭和四〇年代は、まさに夢のような時代であった。ゴルジュをヘヅり、足がすくむような険しい滝を越えた先にはとてつもなく巨大なイワナが悠然と泳いでいた。人間の怖さを知らない彼らは、ハリを隠した釣り人の恐ろしい罠に何の疑念もなく食いついてくれたのである。そこで繰り広げられた人とイワナとの戦い、それはいま思い出しても本当に素晴らしいものだった。

ところが、どんな山奥にも人の手が入り、道路ができてくるにつれてそれがいつしか消え失せてしまった。たいした苦労もなしに簡単に行けるようになって、神秘の聖域がどこにでもある平凡な場所に変わってしまったのだ。私が「大イワナの世界」と呼んだ場所の終焉である。

自然を開発し、克服することは人類の進歩にとって必要なことかもしれない。誰もが簡単に自然を享受できることがみんなの願いとすれば、それは受け入れなければならないだろう。手軽に自然を満喫できることが「進歩」の証であるからだ。

今回、本書が文庫版化されるに当たって思うことは、今の渓流釣りはかつて私がやっていた源流の釣りとは全く別物になったということだ。放流など人為的に管理された全然違う渓流釣りが楽しまれている。それが時代の流れというものだろう。

しかし、こうしたことで大イワナの世界はなくなったかもしれないが、進歩の歴史はそれとは別な新たな聖域をも開いてくれた。私は今、北極圏のイワナを釣ることに情熱を傾けている。以前ならその場所に行くこともむずかしかった極北の地にいる巨大なイワナへの挑戦だ。それができるようになったのもまた人類の進歩のおかげなのである。

本書で書いた源流の釣りは今日の時代にはそぐわないものかもしれないが、未知の世界に挑戦するという精神性においては今も昔も変わらないと信じている。こうして人は立ち向かう聖域を新たに見つけ、挑むことを続けていくのである。

二〇一四年卯月

白石勝彦

＊『大イワナの滝壺』は、一九八八（昭和六三）年に、小社より単行本として刊行されました。本文庫版は、一九八八年五月一日発行の単行本初版第一刷を底本として、一部訂正を加えて再編集したものです。内容はおもに昭和四〇年代の釣行記であり、現在の状況とは異なります。地図の情報も標高や山道等底本刊行時のもので、現在とは異なります。また、カバー装画や本文の挿画は底本に掲載されていたものですが、イメージです。実際の渓谷の様子を現わしたものではありません。

しらいし・かつひこ／一九四二年、東京都大田区生まれ。中学生のころからロッククライミングに熱中していた山男が、二十歳のとき、梓川でイワナを釣ったことで、渓流釣りの面白さに目覚める。人跡まれな険しい山岳渓流の最源流で大ヤマメ、大イワナを釣って歩く。北海道から鹿児島まで日本全国、渓流魚が生息するすべての県で渓流釣りを経験。日本に残されていたネイティブイワナを俯瞰的に探査した『イワナの顔』（写真＝和田 悟）や、『大イワナの世界』『大ヤマメの世界』『実践アユ釣り教本』（いずれも山と溪谷社）など、多数の著作がある。

カバー装画・本文挿画＝門坂流　地図製作＝株式会社千秋社　校閲＝戸羽一郎
カバーデザイン・本文ＤＴＰ＝勝峰微　編集＝勝峰富雄（山と溪谷社）

大イワナの滝壺

二〇一四年五月五日　初版第一刷発行

著　者　白石勝彦
発行人　川崎深雪
発行所　株式会社　山と溪谷社
郵便番号　一〇二−〇〇七五
東京都千代田区三番町二〇番地
http://www.yamakei.co.jp/
■商品に関するお問合せ先
山と溪谷社カスタマーセンター
電話　〇三−五二七五−九〇六四
■書店・取次様からのお問合せ先
山と溪谷社受注センター
電話　〇三−五二一三−六二七六
ファクス　〇三−五二一三−六〇九五

本文フォーマットデザイン　岡本一宣デザイン事務所
印刷・製本　大日本印刷株式会社
定価はカバーに表示してあります

Printed in Japan　ISBN978-4-635-04778-4